Como Interpretar
os Desenhos
das Crianças

Nicole Bédard

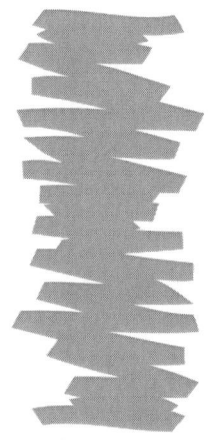

Como Interpretar
os Desenhos das Crianças

© 2010, Editora Isis Ltda. Traduzido do original "Comment Interpréter les Dessins de Votre Enfant" da Les Éditions Quebecor (Québec/Canadá)

Supervisor geral: Gustavo L. Caballero

Tradução: Maria Lucia de Carvalho Accacio

Capa: Equipe técnica da editora Isis

Revisão de textos: Vani Inge Burg

Diagramação: Décio Lopes

Dados de Catalogação da Publicação

Bédard, Nicole

Como interpretar os desenhos das crianças/ Nicole Bédard |
1ª edição | São Paulo, SP | Editora Isis, 2013.

ISBN: 85-88886-05-7

1. Psicologia 2. Pedagogia I. Título.

Proibida a reprodução total ou parcial desta obra, de qualquer forma ou por qualquer meio seja eletrônico ou mecânico, inclusive por meio de processos xerográficos, incluindo ainda o uso da internet sem a permissão expressa da Editora Isis, na pessoa de seu editor (Lei nº 9.610, de 19.02.1998).

Direitos exclusivos reservados para Editora Isis

EDITORA ISIS LTDA
www.editoraisis.com.br
contato@editoraisis.com.br

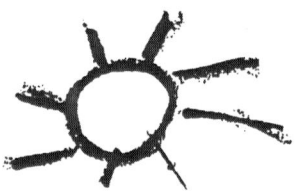

Índice

Análise e Interpretação dos Desenhos	7
Como se desenvolve o desenho da criança	8
A ferramenta principal: o lápis	10
O papel utilizado para desenhar	11
As diferentes texturas de papel	12
Livro com desenhos para colorir ou papel branco?	14
Reação da criança diante do desenho	15
A orientação espacial	16
As dimensões do desenho	18
Os traços	19
O traço contínuo	*20*
O traço manchado ou cortado	*20*
O traço oblíquo	*21*
A pressão	*21*
O simbolismo das formas	22
O quadrado	*23*
O triângulo	*24*
Os desenhos geométricos	24
A repetição de um mesmo tema	25
Reação dos pais diante do desenho do seu filho	26
A diversidade de temas	27
Os principais esquecimentos	27
O desenho com armadilha	28
A originalidade	29
A transparência	30

- A interpretação das cores 31
  - *O vermelho* *31*
  - *O amarelo* *32*
  - *O laranja* *33*
  - *O azul* *33*
  - *O verde* *34*
  - *O negro* *35*
  - *O rosa* *36*
  - *O malva* *36*
  - *O marrom* *37*
  - *O cinza* *37*
  - *O branco* *38*
  - *O desenho de uma só cor* *38*
- As estações e as cores 39
- A casa 40
- Acendamos a chaminé 43
- As janelas 44
- As figuras humanas 45
- O sol 47
- A lua 48
- As estrelas 50
- As nuvens 50
- A chuva 51
- O Arco-Íris, sinal da aliança entre Deus e o homem 51
- A árvore 52
- As flores: símbolo do amor 54
- As montanhas 54
- Os animais 56
- Os veículos 57
- O barco 58
- Avaliação exaustiva do desenho 59

Alguns Exemplos de Análise e Interpretação 61
- Desenho com armadilha 75
- Desenho com armadilha 99

Bibliografía 111

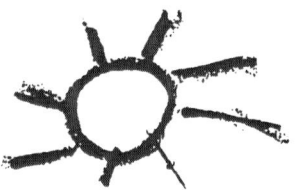

Análise e Interpretação Dos Desenhos

Analisar um desenho não é o mesmo que interpretá-lo, pois existe uma diferença real e concreta entre ambos os conceitos. A análise responde a um enfoque técnico e racional e se fundamenta em bases solidamente comprovadas. É o mesmo delineamento que encontramos em psicologia e em psiquiatria. Em algumas especialidades de puericultura já se ensina este tipo de análise aos futuros educadores.

A interpretação dos desenhos das crianças é o resultado ou a síntese da análise.

Tanto a análise como a interpretação têm muitos pontos em comum com a grafologia, tais como a informação transmitida pela orientação espacial do diálogo, pelas suas dimensões, pela pressão do lápis, etc.

Para as pessoas que já possuem algum conhecimento sobre análise da escrita, é muito mais fácil abordar a análise dos desenhos. Se não for o seu caso, não se preocupe, pois a informação contida neste livro irá ajudar você a descobrir os princípios básicos desta análise.

Como se desenvolve o desenho da criança

Na primeira infância, ou seja, entre os dezoito e os vinte e quatro meses, a criança experimenta muito mais do que expressa. No início, o fato de sustentar um lápis na mão já é toda uma proeza. À medida que vai crescendo, o desenho transforma-se num jogo.

Paulatinamente, seus traços orientam-se e vão tomando forma. A criança começa a controlar esse meio e, em seguida poderá expressar-se através dele.

Algumas crianças controlam perfeitamente o lápis desde os três anos, enquanto para outras, (e inclusive para determinados adultos) o fato de manejar um lápis de desenho é um verdadeiro suplício.

O desenho representa, em parte, a mente consciente, mas também, e de uma maneira mais importante, faz referência ao inconsciente. Não devemos esquecer-nos de que o que nos interessa é o simbolismo e as mensagens que o desenho transmite-nos, não sua perfeição estética.

Sem perceber, a criança transporta seu estado anímico ao papel. Não é conveniente obrigá-la a desenhar se ela não sente a necessidade de fazê-lo. Deve desenhar por prazer, nunca por obrigação.

É recomendável deixar que sua imaginação manifeste-se com toda liberdade. Em algumas crianças, seu desejo de expressão canaliza-se através de outros meios como a música, a dança, o canto e os esportes. Cada qual encontrará o que mais lhe convier.

Prosseguindo, vamos expor algumas indicações sobre a evolução que experimenta o desenho na criança. Considerando que cada criança possui um ritmo próprio, é possível que as idades mencionadas variem ligeiramente.

De dezoito meses a dois anos:

Agrada-lhe rabiscar livremente sobre grandes superfícies. Todavia sua coordenação motora costuma ser desajeitada.

De dois a três anos:

De dois a três anos a criança deseja experimentar ferramentas diferentes: o carimbo, a aquarela, os lápis de cera etc. Nesta fase a experimentação predomina sobre a expressão. A coordenação vai-se desenvolvendo e logo chega a segurar firmemente na mão o lápis que está utilizando.

Entre três e quatro anos:

A criança começa a se expressar através dos seus desenhos. Algumas vezes, antes de realizar os primeiros traços no papel, ela nos diz o que pretende desenhar.

De quatro a cinco anos:

Escolhe as cores em função da realidade (uma árvore marrom com folhas verdes, por exemplo) e talvez, ao começar a escrever, perca o interesse no desenho. Sua capacidade imaginativa é muito forte, razão pela qual os contos de fada atraem muito mais sua atenção.

A ferramenta principal: o lápis

Nós todos já dissemos uma vez: "seu lápis não escreve bem", quando alguém nos empresta um lápis. O que queríamos dizer é que a ponta não estava como gostamos.

Quando pomos alguém a desenhar, o elemento primordial ou a primeira ferramenta que se deve ter em conta é o lápis.

É aconselhável ter disponíveis lápis de ponta fina, média e grossa. O fato de que a pessoa escolha um lápis ou outro já nos proporcionará algumas indicações sobre o seu caráter.

Escolher um lápis de ponta fina é sinal de que o indivíduo prefere o conforto e o luxo, que procura a companhia de pessoas de destaque, ainda que possa ter dificuldades de auto-afirmação.

Quem escolhe um lápis de ponta mediana costuma ter qualidades de adaptação e flexibilidade. Sua filosofia é a do "viva e deixe viver."

A escolha do lápis de ponta grossa denota um caráter que busca continuamente segurar o touro pelos chifres. É o tipo de pessoa que, uma vez tomada uma decisão, não muda facilmente de idéia. Pode influir sobre os demais, porém, ele mesmo não é muito influenciável.

Nas crianças, a preferência pelos lápis de cera, de madeira ou também pela aquarela equivale ao mencionado sobre a espessura da ponta do lápis entre os adultos.

Quando damos a uma criança de pouca idade o lápis de cera, o efeito resultante é um traço mais grosso. Durante a fase anal, todos os jogos com massas de modelagem, com areia, ou barro ajudam-na a superar a etapa da matéria física. À medida que os gostos da criança evoluem e vão refinando-se, passará a se sentir atraída pelos lápis de madeira.

A criança que, ao crescer, continua preferindo a aquarela, ou os lápis de cera, demonstra um potencial e uma inclinação pelas atividades manuais e físicas. Agrada-lhe o que suas mãos transmitem ao papel. Concede mais importância ao que ocorre na ponta dos seus dedos do que ao que se passa na sua cabeça. E o que quer é ver resultados concretos.

Pelo contrário, a criança que prefere o lápis de madeira, sempre bem apontado, dá mais importância à reflexão. Suas tendências levam-na até buscas mais intelectuais e mais racionais, que correspondam as suas aspirações.

 ## O papel utilizado para desenhar

O formato do papel tem tanta importância como a escolha do lápis.

Deveríamos ter disponíveis folhas de diferentes formatos, pois a escolha da criança revelar-nos-á como ela se situa no seu ambiente.

Se escolher um formato pequeno, estará indicando uma certa capacidade de introversão e de concentração. É uma criança que não procura ocupar todo o lugar disponível, talvez por falta de confiança em si mesmo ou simplesmente porque suas necessidades são limitadas, fáceis de satisfazer.

O que determinará que seja correta uma ou outra das possibilidades mencionadas? Os traços que a criança fizer sobre a folha. Se o desenho estiver mal definido, quer dizer, se os traços forem fracos, superficiais ou com pouca pressão, poderemos perceber neles uma falta de confiança, que se traduzirá em certa vacilação dos seus movimentos.

Um desenho realizado numa folha de formato médio, mostrará uma criança adaptável e flexível. É uma criança que sabe ocupar seu lugar no grupo, ao mesmo tempo respeitando os demais.

De outro modo, a criança que escolhe o papel grande, acredita ser capaz de realizar coisas importantes socialmente. É agradável a ela se ver rodeada pelos demais e não desfruta em absoluto da solidão. Podemos adivinhar nela uma grande confiança em si mesma ou mesmo um complexo de superioridade, dependendo do conteúdo do papel e, especialmente, das cores utilizadas e do espaço que o desenho ocupar. Mais adiante, no capítulo dedicado às cores, encontraremos mais informações sobre a confiança ou sobre o complexo de superioridade que possa ter.

 *As diferentes texturas de papel*

Quando a criança pintar com os dedos, devemos utilizar uma folha de textura brilhante, para que o papel não se empape em demasia de água colorida. Pode ocorrer, em seguida, que a criança peça esse mesmo tipo de papel para desenhar com suas cores de cera ou de madeira.

Quando se quer proteger um móvel, costuma-se encerá-lo. Ao preferir esse tipo de lápis, a criança pode estar indicando-nos que prefere que não lhe façamos muitas perguntas indiscretas. O tipo de desenho mostrar-nos-á se, efetivamente, trata-se de uma criança que tem coisas para esconder e que, simplesmente, não deseja revelá-las

Em outros casos, a criança nos dá a entender que prefere fazer as coisas com certa rapidez, sem se aprofundar muito; portanto, os discursos longos não foram feitos para ela. Agrada-lhe passar de uma coisa para outra, sem se deter em demasia, "patina" sobre o papel.

O fato de inclinar-se sobre uma folha de papel brilhante nem sempre é uma indicação de que existam segredos. Antes de tirarmos conclusões, devemos sempre agir com certa prudência Talvez, por qualquer motivo, a criança tenha desenvolvido uma atitude de desconfiança em direção aos demais. Se, durante o passado, aproveitaram-se dela, manipulando-a ou a influenciando negativamente, talvez sua presente reação seja justificada.

Quanto à espessura da folha, em geral um papel bem mais grosso representa o conforto. Não se deve esquecer que ainda que seja o lápis o que desenha e que passeia pelo papel, também a mão apoia-se sobre o referido papel. Não devemos desprezar uma boa almofada para esta mão.

Portanto, a criança que escolhe este tipo de papel pode estar procurando um meio que a mime ou afague. A outra face da moeda é que talvez nos encontremos diante de uma criança um pouco preguiçosa ou acomodada.

A escolha de um papel muito fino (deste que se enruga facilmente) descobre uma alma com certa sensibilidade, aquela onde a emotividade ocupa um papel predominante. A criança que se vê como um ser romântico, talvez poeta, quem sabe, talvez seja tão "enrugável" como o papel fino.

 Livro com desenhos para colorir ou papel branco?

Os livros com desenhos para colorir ajudam a criança a desenvolver sua concentração. As linhas do desenho já existentes, não necessariamente limitam sua imaginação, como poderão pensar alguns. Na vida há leis, há contingências que a criança deverá respeitar. Neste caso o acento recai sobre a escolha das cores, posto que a forma já está estabelecida. Algumas crianças preferem os livros para colorir. Evidentemente, isto é melhor do que nada.

Por ouro lado, o papel branco deixa livre a imaginação e estimula a criatividade da criança. Na vida, nem sempre a pessoa tem a possibilidade de se expressar com toda liberdade. O desenho é um bom meio para se fazer issoo.

O ideal seria que a criança tivesse um livro para colorir, além de folhas de papel em branco. Eliminar uma destas possibilidades, para potencializar a outra, talvez não seja uma boa opção.

 Reação da criança diante do desenho

Quando a criança coloca-se diante do papel, disposta a desenhar, sua atitude pode não ser sempre idêntica. Algumas vezes começa o desenho e logo o risca, começando outro no mesmo papel.

Noutras ocasiões, retira o desenho já começado do cesto dos papéis. Também pode ocorrer que trate de limpar os traços que não lhe agradem totalmente.

Estas diferentes reações falam-nos dos seus estados anímicos, porém, principalmente, fazem referência a uma situação pouco agradável ocorrida no passado e que consciente ou inconscientemente não foi, entretanto, esquecida. Um desenho riscado revela que a criança experimenta uma certa agressividade procedente de um acontecimento determinado, enquanto que o desenho atirado ao cesto denota afirmação e determinação. Sua mensagem é clara: significa que ainda que haja ocorrido algo negativo, a criança o repudiou e o atirou ao cesto do esquecimento.

Enquanto que a criança que trata de limpar seu desenho é como se, de algum modo, dissesse: "Que difícil é enfrentar os fatos!" "Por que não apagamos o que aconteceu?" Pelo menos é um belo esforço.

De vez em quando é importante dar uma olhada, porém de modo discreto.

Algumas crianças desenham em silêncio, outras cantarolam, enquanto que outras dão explicações sobre os traços a que estão dando forma no papel.

Um desenho em silêncio indica concentração e será muito mais significativo na hora de interpretá-lo. Se a criança cantarolar enquanto desenha, isso pode responder a uma necessidade de animar o ambiente, pois o canto, de algum modo, protege contra o isolamento e, ao mesmo tempo, é um modo sutil de atrair e reter a atenção dos demais.

A orientação espacial

Ao começar a pintar sobre uma folha de papel, a criança pode decidir-se por utilizar o espaço superior da mesma, o inferior, ou mesmo o centro da página. Também pode dirigir seu desenho até à esquerda ou até à direita. Na parte superior do papel, a criança não só desenha o sol, a lua e as estrelas; também podemos encontrar nesse lugar personagens, árvores, veículos e outras figuras. O que a criança nos quer-nos fazer entender com isto é que está disposta a adquirir mais conhecimentos.

O espaço superior da folha representa a cabeça, o intelecto, a imaginação, a curiosidade e o desejo de descobrir coisas novas. A parte inferior do papel, por sua vez, informa-nos sobre as necessidades físicas e materiais que a criança possa ter.

O lado esquerdo indica-nos que seus pensamentos giram ao redor do passado: esta criança não vive o momento presente nem pensa no futuro.

Pode ser que esteja preocupada com o passado ou, quem sabe, tenha vivido algum acontecimento feliz ao qual trata de se apegar. O tipo de desenho elaborado à esquerda do papel indicar-nos-á se o fato foi agradável ou não para a criança.

O centro do papel representa o momento atual, todo desenho situado no meio da página revela-nos que a criança está aberta a tudo o que ocorra ao seu redor. Normalmente este tipo de criança não vive ansiedades nem tensões. Ao contemplar os acontecimentos passados ou futuros, não sente inquietude nem alguma insegurança.

Não obstante, é preferível não confiar responsabilidades em longo prazo para este tipo de criança, pois pode desanimar com facilidade. Prefere ver os resultados imediatos de qualquer trabalho ou sua participação.

A criança que ao desenhar ocupa a área direita do papel está descobrindo uma certa tendência a pensar somente no futuro. O amanhã, para ela, representa algum sucesso muito especial. Dedica muita energia e muitas esperanças ao futuro.

Como podem ver, as circunstâncias e as necessidades das crianças tendem a ser de índole muito diversificada.

As dimensões do desenho

Quanto maior for o desenho, mais visível tornar-se-á. Como qualquer outro traço, o tamanho do desenho pode ter uma interpretação favorável ou desfavorável.

A criança que constantemente desenha formas grandes está demonstrando uma certa segurança. É como se pensasse: "Vivo e existo." Deste modo afirma-se ocupando "seu" lugar.

Pode também se tratar de um desenho de compensação: a criança que acredita que não lhe prestam a atenção devida pode encher sua folha com traços grandes. A mensagem neste caso seria: "Olhe, eu também existo!"

O que nos deve inclinar a uma ou outra destas interpretações são as cores utilizadas. Se forem cores fortes como o vermelho, o laranja e o amarelo, podemos estar diante de uma criança exigente, que procura chamar a atenção. E talvez nunca tenha o bastante. Nunca se poderá satisfazer seu ego. Pelo contrário, se suas cores forem suaves, em tons azuis ou verdes, nós nos encontramos diante de uma criança com um comportamento social adequado.

Um desenho muito pequeno não incomoda ninguém. Em algumas crianças observa-se uma espécie de pronta retirada diante dos demais, uma necessidade menor de se afirmarem. São crianças que se conformam com pouco espaço.

Muitas destas crianças são tranquilas, agrada-lhes colecionar coisas e sonhar. Não costumam procurar a companhia dos outros. Ainda que, algumas vezes, rodeiem-se de crianças menores do que elas e cuidem muito bem das mesmas.

Este tipo de criança costuma surpreender pelas suas reflexões, dir-se-ia que estamos na presença de um pequeno adulto.

Ainda que o ritmo da criança seja lento, não devemos pressioná-la, porque a tensão nunca é boa. Entretanto, torna-se mesmo muito necessário valorizá-la, posto que um desenho de dimensões muito reduzidas pode expressar também uma falta de confiança.

 Os traços

Antes de poder interpretar o simbolismo do sol, da lua e dos demais temas, é importante possuir um conhecimento básico dos traços simples.

Estes nos transmitirão informações acerca da sua rapidez de espírito, ou sobre suas dúvidas. Podemos detectar um espírito rebelde ou um pacífico se analisarmos certos traços básicos; conforme forem contínuos, oblíquos, se estiverem manchados, etc.

O traço contínuo

Um movimento que se desloca sobre o papel sem interrupção e sem ser cortado por outras linhas denota um espírito dócil. Se as linhas forem precisas assinalam, ao mesmo tempo, certa harmonia. Estaremos diante de uma criança que não trata de forçar as coisas nem tenta atrasá-las. É uma criança que respeita o seu ambiente, buscando tanto seu bem-estar físico como a paz.

O traço manchado ou cortado

O traço manchado opõe-se ao contínuo, sendo muito fácil de ver quando a criança está desenhando. Após ter começado, com certo entusiasmo, vemos que a criança detém-se, observa brevemente o feito e começa de novo. Poder-se-ia pensar que o movimento inicial foi muito impulsivo e que depois, rapidamente, a criança percebe que sua trajetória não está seguindo a direção desejada.

Períodos existem em que as crianças tomam consciência de novas necessidades, entretanto, percebemos sua indecisão perante às mudanças. Há uma espécie de instabilidade entre aquilo que pode ou deseja ter e o que já possui e que lhe dá muita segurança. O que se pergunta é: "Continuará tudo como antes se as coisas mudarem?" quer dizer, "a segurança que tenho agora, continuará sempre aqui, independentemente do que mude ao meu redor?"

O traço oblíquo

O traço lançado até o céu como se fosse um foguete que se eleva ou como um raio que golpeia o solo pode representar energia e ímpeto. Podemos estar certos de que a criança não se desviará da trajetória que lhe foi delineada para obter seu objetivo.

O traço oblíquo é vigoroso, sem ser necessariamente agressivo. O estudo deste tipo de traço deve completar-se com o da pressão que a criança tenha exercido no seu desenho. Quanto mais forte seja a pressão, mais nos indicará a presença de cólera, é algo semelhante a um "golpe de espada." Não obstante, se a pressão for normal reflete que a energia que a criança descarrega adapta-se a um ambiente que quer ser agradável e harmônico.

A pressão

Quando a criança realiza um determinado traço no papel seu gesto pode conter força ou debilidade.

Uma boa pressão indica entusiasmo e vontade. E quanto mais forte for, mais agressividade existirá. Se os traços forem superficiais é porque a criança realiza seu desenho de um modo distante, sem demasiada convicção. Entretanto, isto também pode ser atribuído ao cansaço físico.

 # O simbolismo das formas

A criança, porém, não só desenha linhas verticais, horizontais e oblíquas, mas também seus desenhos incluem formas como o círculo, o quadrado e o triângulo.

A interpretação das formas é algo universal, para o que existem pontos comuns entre os diferentes enfoques: psicológicos, filosóficos e religiosos. Ao desenhar uma curva, a criança traça um movimento aéreo: é como um vôo, como uma cambalhota, é algo que denota alegria. Pode tratar-se simplesmente de um movimento de rotação, um traço que gira e gira, retornando sempre ao ponto de partida

Como qualquer outro símbolo, o círculo pode ter uma interpretação positiva ou negativa. O contexto e a evolução do desenho serão seus determinantes.

Um movimento ágil, com certa força e energia em seu traço, revela o aspecto positivo. É como se depois de ter vivido uma determinada experiência, alguém tivesse saído com mais fortaleza e valor, de tal forma que, se esse feito tornasse a ocorrer, já o veríamos de outra maneira.

É algo assim como o ciclo das estações, que se renova ano após ano e, contudo, é diferente cada vez. Um desenho com abundantes formas redondas dá-nos a entender que a criança prefere ocupar-se de coisas as quais já viu e conhece.

Agrada-lhe fazer as mesmas coisas, porém, abordando-as em cada caso de um modo diferente.

Talvez seus jogos preferidos sejam os quebra-cabeças, com os quais pode entreter-se todo o santo dia. Talvez possua todo tipo de quebra-cabeças: de madeira, de papelão, pequenos, grandes, educativos, ou muito simples. Esta variedade de modelos satisfar-lhe-á.

Alguns traços arredondados, amplos e grossos denotam uma certa preguiça ou uma falta de motivação, sobretudo quando tais traços assemelham-se a um "pneu furado." Isto pode ter sido motivado pelo cansaço, mas também por uma necessidade de que sua mãe a mime um pouco mais.

 O quadrado

O quadrado é formado por traços mais rígidos e simboliza a solidão, a determinação e o poder de decisão. Pode também significar uma atitude ou um comportamento rebelde por influência exterior. Não é uma forma expansiva, porem mais bem concentrada.

As formas quadradas encontram-se com mais freqüência nas crianças que têm uma grande necessidade de se movimentarem, de queimar energia. Algumas vezes se poderia dizer que este tipo de criança carece de delicadeza, tanto nos seus movimentos como nas suas palavras, e pode tornar-se demasiadamente brusca. É uma criança com um caráter forte, que não muda de opinião com facilidade.

O bom é que ela é consciente dos motivos que a guiam. Sua principal força é o espírito de competição, e sua debilidade a falta de compaixão.

 O triângulo

Este símbolo representa a elevação, o conhecimento. O vértice para cima está reclamando à energia divina que lhe transmita os seus conhecimentos, enquanto que, quando voltado para baixo, está orientado para a força física concentrada na terra.

A criança que em seus desenhos inclui o triângulo com o vértice dirigido para cima costuma ser de natureza mais sensível, mais intuitiva e mais criativa do que as outras. Anima-a uma energia tranquila, mas curiosa. É uma criança que está sempre ansiosa para adquirir novos conhecimentos. Seu espírito tem necessidade de ser constantemente alimentado, ainda que resulte muito seletivo.

O triângulo com o vértice para baixo indica uma natureza mais física e material. A criança busca novos conhecimentos, porém relacionados mais com o físico do que com o espiritual. São conhecimentos que a ajudarão a melhorar sua comodidade ou a adquirir coisas novas. É de natureza muito mais pragmática.

Os desenhos geométricos

Na maioria das vezes, os desenhos geométricos são mandalas. O mandala é um símbolo espacial atemporal, procedente da tradição hindu. É uma representação da forma interna do nosso ser.

Tem-se definido o indivíduo como forma luz e som. A forma mencionada não abrange somente o corpo físico, mas também a esse labirinto através do qual caminha a pessoa ao longo de sua vida. Podemos dizer que o mandala é uma representação do aspecto original do ser. Carl Gustav Jung interessou-se tanto por este assunto que inclusive converteu-o em tema central de um dos seus livros.

A quais conclusões pode-se chegar analisando-se os mandalas confeccionados pela criança?

Geralmente estão desenhados de um modo automático, de origem puramente inconsciente, de tal forma que a ajudam a conservar a ordem física, quando esta existe, ou a restabelecer, se desaparecer por algum motivo.

A repetição de um mesmo tema

Algumas vezes encontramos desenhos repetitivos, daqueles em que um mesmo tema passa continuamente de um desenho ao seguinte. Nestes casos, na hora da interpretação, devemos ser muito cautelosos. Podemos analisar sua mensagem entre linhas, porém, o mais importante é assegurar-nos de que da parte dos pais ou de algum professor não tenha existido uma super valorização de um desenho anterior da mesma natureza.

É o caso da criança que mostra um desenho a sua mãe e esta fica encantada e elogia exageradamente sua magnificência. A criança não vai esquecer facilmente esse instante, provocado por sua obra-prima.

O problema é que pode desencadear na criança a crença de que sua mamãe a quer pelo formoso desenho que fez. E, a partir daí, dedicar-se-á a repetir em seus desenhos o mesmo tema, com ligeiras variantes.

Não obstante, no caso de não ter sua origem numa supervalorização anterior, os desenhos repetitivos podem resultar muito reveladores. A criança que viveu uma experiência feliz procura reproduzir as emoções experimentadas, busca recriar o estado anímico vivido durante esta situação agradável.

Caso contrário, a criança que não conseguir aceitar uma determinada situação, pode também se servir do desenho repetitivo para nos fazer saber o que a incomoda.

Reação dos pais diante do desenho do seu filho

Alguns pais ficam extasiados diante do desenho de seus filhos, enquanto outros adotam uma postura mais crítica, preferindo dirigir-se à criança: "Faz-se assim, não desta forma..."

Devemos ser sinceros. Se nossa reação não for natural, a criança perceberá, inclusive pode pôr-nos à prova, apresentando-nos um desenho que fez mal de propósito: "Vamos elogiar também estes rabiscos?"

 ## A diversidade de temas

Os temas que algumas crianças abordam nos seus desenhos são muito variados e pode tornar-se difícil achar o fio condutor que nos permita realizar uma boa análise. De qualquer modo, se não conseguirmos estabelecer uma certa relação entre os temas, podemos analisar com mais profundidade a influência das cores, a orientação espacial, o tamanho do desenho, a pressão nos traços, etc.

Na maioria dos casos, a criança que realizar desenhos com temas diferentes uns dos outros é facilmente influenciável pelo ambiente e pelas pessoas. Transporta para o papel seus estados anímicos, quer dizer, seus sentimentos de alegria, de pena, de medo, etc.

Este tipo de criança costuma ser de humor instável. Se não lhe agradar seu professor, não tirará boas notas. Se não lhe agradar sua nova casa, estará constantemente doente. Não é que seja um inadaptado social ou afetivo, mas é que é mais sensível, e esta sensibilidade faz parte do seu temperamento.

 ## Os principais esquecimentos

Em certos momentos, a criança pode esquecer-se de traços importantes, como os olhos de uma pessoa, a porta da sua casa.

Quanto a nós, os dois principais elementos de que não devemos esquecer nunca, ao realizar uma análise, são precisamente os traços demasiadamente elaborados e os simplificados em demasia, inclusive aqueles tão simplificados, que de fato não figuram no desenho. Devemos ficar muito atentos, pois sua mensagem dar-nos-á certas pistas sobre o aspecto da situação que a criança menos aceita, mostrando-nos o tipo de atitude que pensa tomar a respeito.

"A criança perdeu totalmente a cabeça? Afastou-se da realidade? Tem dificuldades para enfrentar a situação?" Não nos devemos levar pelo pânico pois este tipo de desenho costuma ser passageiro; mas tampouco devemos fechar os olhos esperando que passe o perigo. A análise dos desenhos tem por finalidade conhecer e compreender a criança e poder ajudá-la quando for necessário.

 O desenho com armadilha

Alguma vez já viram este tipo de desenho, que abrange os dois lados da página? Ao analisar um desenho, deve-se também examinar o outro lado do papel para ver se há alguns traços. Será que a criança preocupa-se com economia de papel? Não acredito nisso.

Algumas vezes a criança desenha um tema de um lado do papel, enquanto do outro coloca uma personagem, um objeto ou qualquer outra coisa. Poderíamos pensar que não coube no outro lado, ou melhor, que havia esquecido de incluir tal elemento e quando percebeu, não quis alterar o aspecto do primeiro desenho. Todavia, o que deseja é precisamente deixar de lado aquele que se encontra no reverso da folha.

Justamente por isso, é importante analisar o que encontramos no reverso; por exemplo, a criança que desenha de um lado sua família, omitindo sua irmã pequena ou seu pai e os desenhando do outro lado do papel. Neste caso significa que afasta esse personagem do seu meio. Deseja realmente que aconteça isto na realidade?

 A originalidade

Pode-se considerar que um desenho é original quando não coincide com o que estamos acostumados a ver; por exemplo, uma árvore desenhada com traços tão grandes que resulta difícil ver neles a forma da árvore. A criança certamente nos explicará, com alguma brincadeira, que se trata de uma "árvore pássaro" ou de uma "árvore peixe" Quem pensaria nisto!

Não devemos preocupar-nos se advertirmos que a criança tem tendência a desenhar formas fluidas, não concretizadas pelas normas sociais. A originalidade indica capacidade para afirmar as próprias opiniões. Não há motivo para susto se ela não se preocupar quando lhe indicarem que uma árvore não se desenha deste modo, talvez nos conte que sua árvore proceda do planeta Marte.

O receio dos pais diante desta atitude da criança poderia traduzir-se na seguinte pergunta: "Como meu filho poderá progredir socialmente, se não se integrar na realidade concreta do mundo?"

Algumas vezes a criança utiliza o desenho original não para expressar suas diferenças, mas para deformar uma situação que não lhe agrada e que não quer ver tal como é. Por isso a modifica mediante um pensamento que sublima a realidade que ela percebe como negativa. É necessário definir e vigiar muito bem este tipo de circunstância.

A criança com originalidade mostrará sua criatividade desde a mais tenra infância, enquanto a que está atravessando um período difícil pode encontrar um modo original de viver algum tipo de escapatória, razão pela qual, durante certo tempo, o desenho pode ser de grande utilidade para ela.

 ## A transparência

A criança que desenha elementos transparentes, como uma casa cujo interior pode-se ver, com os móveis e as pessoas que nela habitam ou também um homem a quem se pode ver as suas pernas através das calças, pode querer indicar-nos duas coisas:

A primeira delas nos mostraria uma criança inteligente e intuitiva, capaz de perceber os pensamentos dos demais ou de prever a evolução de uma situação determinada. Quer dizer, uma criança que vê mais adiante das aparências.

A segunda, menos favorável, revelar-nos-ia uma criança inclinada às mentiras e acostumada a camuflar seus pensamentos. Além disto é totalmente consciente do seu comportamento, o que a faz sentir uma certa culpabilidade.

Seu desenho revela-nos que ela gostaria de ser desmascarada ou liberada da sua carga. Deste modo, tal tipo de mensagem converte-se numa mensagem que poderia ser: "Olhe o que escondo e ajude-me a manifestá-lo verbalmente."

 A interpretação das cores

A simbologia de cada uma das cores admite duas interpretações, uma positiva e outra negativa. O estilo do desenho e o conjunto das cores determinam que nos inclinemos sobre uma ou outra destas interpretações. Ao falar da influência das diferentes cores, não nos referimos em absoluto ao seu efeito estético ou decorativo. A criança que, em determinado desenho, utilizou toda a gama de laranjas sem se servir da sua cor complementar, que é o azul, não manifesta por ela nenhum tipo de desequilíbrio.

O que nos interessa é a mensagem, plasmada consciente ou inconscientemente. Tanto se as cores empregadas forem as apropriadas (o marrom para o tronco de uma árvore e o verde nas folhas) como se forem contra toda a lógica (a água de cor rosa e o sol verde), é necessário manter-se vigilante e prudente. Os seguintes exemplos facilitarão as explicações necessárias.

 O vermelho

É a primeira cor que a criança aprende a distinguir. A criança que utiliza preferencialmente esta cor pode querer dizer que sua natureza é enérgica e que possui certo espírito desportivo, ou também que está vivendo algum tipo de agressividade que pode ser destrutiva. Esta cor representa o sangue, a vida e o ardor, é uma cor fundamentalmente "ativa."

O vermelho acompanhado do negro deverá ser interpretado com certo discernimento, posto que o negro bloqueia a energia do vermelho. Pode tratar-se de uma criança que aparentemente não mostra nenhuma agressividade, porém, num dia, quando menos se esperar, a ansiedade e a angústia podem manifestar-se nela de um modo explosivo.

Talvez os pais não suspeitem de nada, pois seu filho parece muito amável e inofensivo.

A própria criança tampouco se entende; não obstante a tensão irá acumulando-se e chega um momento em que já não pode controlá-la, nem consciente nem inconscientemente.

Pode tornar-se difícil determinar quando se produzirá o estalido. Os diferentes desenhos realizados pela criança mostrar-nos-ão os dados e os sinais necessários.

♥ O amarelo ♥

O amarelo representa o conhecimento, a curiosidade e a alegria de viver. A criança que utiliza com frequência esta cor nos seus desenhos costuma ser mais expressiva do que as outras. É de natureza generosa, extrovertida, otimista e muito ambiciosa.

Alcançará suas metas com grande facilidade, pois seu potencial é enorme. Quando o amarelo for realmente excessivo, encontramo-nos perante uma criança que, sem ser hiperativa, gosta de planificar seu tempo com a suficiente antecipação. É exigente consigo mesma e com os demais e pode chegar a tornar-se esgotante para aqueles que a rodeiam.

O laranja

Composto do vermelho e do amarelo, o laranja está entre as cores mais brilhantes. Expressa uma necessidade de contato social e público. A criança, que nos seus desenhos, prefere os tons alaranjados costuma inclinar-se pela novidade e pelas coisas que se realizam de um modo rápido. Desfruta dos jogos de grupo, onde demonstra seu espírito de equipe e de competência, sobretudo se lhe concederem algum tipo de poder ou de liderança.

É uma criança impaciente por natureza, não lhe atraem os jogos que exigem concentração e possui um certo sentido de observação. Tanto seus gestos como sua linguagem são rápidos ou inclusive precipitados. Geralmente sabe como se afirmar, não apenas entre os seus, mas também em qualquer ambiente novo.

O azul

O azul é a última cor que a criança distingue. Simboliza a paz, a harmonia e a tranquilidade; não obstante pode, também, refletir um certo aspecto linfático.

A criança que prefere o azul a qualquer outra cor está dizendo-nos que é introvertida e que deseja caminhar pelo seu próprio ritmo. Não devemos forçá-la e nem fazê-la mudar de hábitos. Seus amigos não serão muito numerosos e serão ocasionais.

Entretanto, se o azul não se encaixar bem ao estilo do desenho, a criança trata de fazer-nos compreender que se encontra num meio demasiado exigente e que desejaria um pouco de paz. A energia do azul é suave e tranquila. Se a criança for hiperativa, não é aconselhável pintar de azul a sua casa. Por ser esta uma cor totalmente oposta as suas necessidades, não se sentirá bem com ela. Em todo caso o verde é uma cor que a acalmará e a favorecerá.

 O verde

O verde representa a Natureza. Tem o mesmo efeito que as folhas das árvores que filtram e purificam o ar. Compõe-se do amarelo e do azul, refletindo assim a curiosidade, o conhecimento e o bem-estar.

A criança que utiliza com freqüência o verde está mostrando certa maturidade. Compreende as coisas que são explicadas e em seguida aproveita experimentando-as por si mesma. De natureza sensível e intuitiva, sabe quando mentem para ela ou quando escondem certos fatos. Sua imaginação se compensa pela sua iniciativa. Sua energia física é muito constante e é raro que fique doente.

Contudo, se nos seus desenhos utilizar mal o verde, é que se sente ou se acredita superior aos demais. Seu forte ego pode chegar a ofender outros.

 O negro

Com freqüência o negro é uma cor mal interpretada. Os pais se inquietam quando o desenho dos seus filhos contém muito negro, pois costumam associá-lo às forças do mal ou aos maus pensamentos.

Na realidade o negro representa o inconsciente, tudo aquilo que não vemos, levando em conta que geralmente se prefere o visível, o palpável e o previsível, numa palavra, o seguro.

A criança que habitualmente utiliza o negro está transmitindo-nos que tem confiança em si mesma, ou seja, que o dia de amanhã não a assustará facilmente. É uma criança que se adapta com facilidade às situações imprevistas que o destino oferecer. Como podem constatar, não se trata de uma cor negativa, à priori. Não obstante, existe um negro que também pode trazer uma mensagem ambígua ou inclusive decididamente nefasta. Neste caso a criança estaria dissimulando seus pensamentos, velando certos "segredos" que ela considera seus. Poderia ser uma forma de autoproteção.

Quando o negro vier acompanhado do azul, podemos estar diante de uma criança depressiva, com tendência a se sentir derrotada.

O rosa

O rosa é formado pelo vermelho atenuado pelo branco, razão pela qual a energia inerente ao vermelho diminui em sua intensidade. A criança que se apega ao rosa procura suavidade e ternura. Deseja conhecer e ter contato só com as coisas agradáveis e fáceis. Seu lado positivo é que esta criança é adaptável e se torna fácil estabelecer um bom contato com ela. O aspecto negativo é a sua vulnerabilidade diante das situações mais ou menos agradáveis.

Antigamente o rosa era relacionado com o lado feminino, enquanto que o azul estava ligado ao lado masculino. Ao utilizar o rosa, a criança faz-nos saber que lhe agrada sua condição de criança e que deseja permanecer nela todo tempo que for possível, o que pode denotar dificuldades na hora de aceitar alguma responsabilidade, ainda que seja mínima.

O malva

Composto do vermelho e do azul, esta cor engloba vários elementos. A criança que prefere a cor malva distingue-se das demais tanto por sua atitude como por seu comportamento.

Agrada-lhe comprometer-se com entusiasmo, porém, consciente ou inconscientemente, o que na realidade faz é "passar por tudo." Trata-se de um tipo de criança que é por sua vez extrovertida e introvertida. Poderíamos dizer que alterna dois períodos: durante um certo tempo parece integrar-se muito bem com os demais e, em seguida, retira-se, abandonando o grupo que parecia ser tão favorável a ela.

O marrom

Esta cor está relacionada com o elemento terra, com a estabilidade, a estrutura e a planificação.

A criança que emprega com freqüência o marrom aprecia a segurança, a boa alimentação, uma cama fofa e a roupa confortável. Quando a cor está bem integrada no conjunto do desenho, está mostrando-nos uma criança estável e minuciosa, paciente por natureza, ainda que, com reações um pouco lentas. É necessário dar-lhe tempo para que possa avaliar bem uma determinada situação.

Preferirá o que já possui às novidades. Não é uma criança que se torne louca por jogos, mas que se sentirá muito mais inclinada pelas coleções. É importante não tocar em suas coisas, pois cada uma delas estará perfeitamente colocada no seu lugar. Como é hábito dizer: "cada coisa no seu lugar e um lugar para cada coisa." Seus costumes tão organizados poderão parecer monótonos, mas o fato é que ela se sente muito bem assim.

O cinza

O cinza forma-se com negro e o branco. A criança que o utiliza abundantemente oscila entre o conhecido e o desconhecido. Está passando por um período de transição, tem um pé no passado e outro no futuro. Se for demasiado freqüente indica-nos que lhe falta segurança nas suas escolhas e poderia ser facilmente influenciável. Pode inclusive chegar a reagir como um camaleão diante das diferentes situações. Pode dizer sim, quando isto é o que se espera dela e não, quando se quer que diga não. Esta criança pode também ter uma certa tendência a remoer excessivamente frustrações passadas.

🖤 O branco 🖤

Para explicar a cor branca deve-se referir ao que foi dito a respeito da transparência. É muito raro que a criança utilize o lápis branco, pois em geral prefere deixar os espaços vazios.

Com frequência costuma-se considerar o branco uma cor desfavorável, mas não se deve esquecer que purifica e neutraliza e pode eliminar totalmente os elementos passados. É como começar de novo, querendo apagar ou negar tudo o que aconteceu ontem.

Seu aspecto positivo está relacionado com o infinito, o não-temporal, ainda que sua utilização excessiva possa significar que a criança não deseja que lhe imponham restrições nem obstáculos para suas manifestações.

🖤 O desenho de uma só cor 🖤

Os desenhos realizados numa só cor têm uma grande importância. Podem denotar preguiça ou falta de motivação. Talvez tenha sido o ambiente o que tenha obrigado a criança a sentar-se a desenhar para que não a incomodem ou para conseguir uma certa tranqüilidade. Não é esta, porém, o tipo de situação que nos interessa e sempre devemos levar em consideração as circunstâncias presentes, a fim de não realizar uma interpretação viciada.

A uniformidade na cor dentro de um mesmo desenho está enviando-nos uma mensagem clara e precisa. Neste tipo de interpretação não há nada equivocado. É como se a criança não quisesse esconder nada de nós; ao contrário, deseja ser descoberta e compreendida. Ao elaborar menos a cor, exagera a importância dos traços e das formas. Devemos levar em consideração que na primeira fase é normal que a criança continue até o fim com a primeira cor que começou. Se posteriormente acrescentar outras cores, manifestará um desejo de acrescentar certo valor ao tema.

As estações e as cores

A estação do ano a que a criança faz alusão no seu desenho tem também certa importância.

Por exemplo, a criança aficionada a desenhar paisagens de inverno está informando-nos que tem necessidade de paz e de harmonia. Quer deixar para tras certas experiências do passado. A neve cobre todo o desenho, por isso pode, inclusive, camuflar muitas experiências as quais não quer que sejam vistas. A primavera, por sua vez, é um estalido de esperança e de renovação. A criança não esquece de certas promessas que fizeram para ela, está cheia de projetos e tudo parece captar sua atenção. Faz mais perguntas que de costume. Ainda que possa parecer muito intuitiva, deseja que confirmemos seus pressentimentos.

Cenas de verão cheias de flores e de pássaros mostram a criança que vive no presente, que é feliz no seu ambiente atual. Não obstante, devemos examinar com muita atenção esse tipo de desenho, pois talvez a criança esteja contando histórias para si mesma, procurando convencer-se de que seus sonhos se tornaram realidade.

Os desenhos outonais indicam-nos o final de uma etapa. A criança deu seu máximo rendimento e procura um pouco de descanso, motivo pelo qual se torna consideravelmente lento o seu ritmo. Isto não denota necessariamente tristeza ou pena, mas sim que se deve considerar melhor, como uma espécie de conclusão.

A casa

É este um tema que a criança elege com muita frequência. Representa suas emoções vividas a partir do ponto de vista social e nos transmite uma informação importante a respeito do seu grau de abertura ou de reclusão a propósito do seu mais imediato ambiente.

Se acreditarmos que todas as casas desenhadas pelas crianças são iguais, certamente, após ler este capítulo, mudaremos de opinião. São muitos os pormenores que podem modificar de uma forma importante a interpretação deste tipo de desenho. Entre os elementos que devemos levar em consideração, na hora de interpretar os desenhos de uma casa, figuram, sem dúvida, sua orientação espacial, a pressão e as cores empregadas, porém, neste caso, o que mais deve interessar-nos é o número de janelas, a fumaça da chaminé e a fechadura ou o puxador da porta, se é que existem.

O tamanho da casa também deve ter-se sempre em consideração, por exemplo, a criança que desenha uma casa muito grande revela-nos que está vivendo uma fase mais emotiva que racional, enquanto que uma casa demasiadamente pequena é sinal de um estado anímico mais introspectivo, onde a criança, quem sabe, estará delineando algumas perguntas. Em geral, o tamanho será uma chave importante que nos explicará de que maneira entra a criança em contato com o seu ambiente.

Nunca devemos subestimar as dimensões da porta de entrada. Uma porta demasiadamente pequena estará mostrando-nos uma criança que tem muita dificuldade em convidar pessoas para sua casa. É muito seletiva com seus amigos e com seus parentes. Não lhe agrada que façam muitas perguntas, nem que a vigiem constantemente e não abre a porta para qualquer um.

No entanto, uma porta muito grande é sinal de boas-vindas, dirigidas para quase todos que chegam. Para esta criança a vida é quase uma festa contínua.

Vive a criança no momento presente, ou se refere continuamente ao passado? Projeta-se até o futuro diante de desenhos fantásticos? A maçaneta dar-nos-á a resposta a estas perguntas.

Todos vimos no cinema estas mansões imensas que parecem castelos. Nelas a aldrava está situada sempre no centro da porta; contudo é muito raro que numa porta pequena a fechadura encontre-se no centro da mesma. Quando a criança a desenha no centro, está manifestando-nos uma procura de independência e de autonomia e, de algum modo, um desejo de se distinguir dos demais. Tem, sem dúvida, um aspecto positivo, mas também pode indicar-nos certa teimosia e um excessivo desejo de impor a própria vontade.

Se a maçaneta, a fechadura ou o puxador estiver situado à esquerda da porta, significará que os pensamentos da criança estão ligados ao passado e assim busca obter maior confiança frente ao futuro. Este tipo de criança não aprecia as mudanças muito bruscas ou precipitadas e é necessário dar-lhe um certo tempo para que se componha para as novas idéias. Pode preferir a companhia de crianças menores à dela. Sua atitude e seu comportamento parecem indicar que não tem necessidade de crescer, nem de se tornar maior, como se desejasse continuar sendo sempre criança.

Ao contrário, uma porta com o puxador à direita mostra-nos uma criança que quer mudar. Encanta-lhe quando falam do que vai acontecer, de excursões, etc. Necessita ser constantemente estimulada e motivada, não porque seja especialmente indolente ou preguiçosa, mas porque, de algum modo, antecipa o futuro. Tem certa dificuldade para firmar-se no "aqui e agora" e as surpresas encantam-na.

Ao interpretar a orientação espacial, devemos considerar que tudo o que está localizado à esquerda da folha representa o passado, e o que está à direita simboliza o futuro. E isto mesmo se aplica aos desenhos das portas.

Acendamos a chaminé

Nem todas as casas que as crianças desenham têm chaminé e, ainda menos, fumaça saindo dela. Inclusive o tipo de fumaça pode variar também podendo formar círculos ou melhor, pode consistir em dois simples traços.

A fumaça revela-nos o tipo e o grau de emoção que prevalece no lar, na família ou no ambiente da criança. Se for um traço muito simples, é sinal de que a criança parece reagir favoravelmente a uma certa influência emotiva vivida no seio familiar. Se a fumaça formar uma nuvem densa e escura, sua reação é desfavorável. Um traço excessivamente fino leva-nos a pensar em duas possibilidades: ou que o fogo apagou ou que acaba de se acender neste preciso momento. Teremos que procurar outras indicações a fim de sabermos qual destas interpretações é a correta.

Quanto mais alegre pareça a casa, principalmente pelas cores usadas, mais vivificante e vigorizante será a situação que a criança está vivendo neste momento. Assim podemos deduzir que o ambiente familiar é positivo. Neste caso, uma fumaça muito ligeira numa casa com janelas grandes e cores alegres indicar-nos-iam um acontecimento novo.

Pelo contrário, se as cores forem apagadas e vermos que no desenho faltam personagens importantes, uma fumaça tênue indica que o fogo está extinguindo-se, que a situação familiar não anda muito bem.

Se a fumaça for intermitente, faz-nos pensar que a chaminé não está funcionando devidamente, talvez necessite de uma boa limpeza. A vida apresenta-nos situações (tanto para as crianças como para os adultos) que se tornam difíceis de administrar. Este tipo de fumaça assinala a existência de um pequeno problema. No seio da família está acontecendo algum tipo de dificuldade ou de rejeição que entristece à criança. Neste caso é muito importante ajudá-la a se libertar da culpa que possa experimentar.

Quanto mais vivo for o fogo, mais intensa será a fumaça, mas devemos ter cuidado, pois talvez haja algum tipo de agressividade no ambiente. Se a fumaça for mais parecida com uma grande nuvem negra está anunciando-nos tormenta no âmbito familiar. Neste caso devemos verificar se é um problema passageiro, ou se a criança já está a algum tempo imersa na dificuldade e todavia não vislumbra o seu fim.

Lembremos que se deve prestar uma atenção especial tanto aos traços excessivamente intensos como aos exageradamente finos, pois costumam ter muita importância na hora da interpretação.

As janelas

Para que uma casa esteja bem iluminada precisa de um certo número de janelas. Quanto mais janelas houver, mais curiosidade terá a criança para saber o que ocorre ao redor dela. A porta, em compensação, é o que nos vai indicar o tipo de contato com este ambiente. Observa-se através das janelas, porém, entra-se pela porta.

Janelas pequenas pedem que sejamos discretos e prudentes com esta criança. É bom não lhe fazer demasiadas perguntas e, sobretudo, não lhe dar a impressão de que estamos vigiando até seus mínimos gestos. A criança introvertida sempre desenhará um número muito limitado de janelas, é sua forma de nos dizer que devemos deixá-la em paz.

Janelas muito grandes certamente refletem uma grande curiosidade diante da vida, mas também podem querer dizer que a criança não ficou totalmente satisfeita, pois desejaria algo mais abundante e melhor. Tem necessidade de estender sua vista por horizontes muito mais amplos. Possivelmente nos encontremos diante de uma criança ambiciosa e exigente, o que não é necessariamente negativo, sempre que seja capaz de reconhecer seus limites.

As figuras humanas

Este tema, como todos os outros, evolui em função da idade da criança. Na maioria dos casos, a figura humana representa a própria criança, ou melhor, aquelas pessoas que compõem o seu ambiente mais íntimo. Os traços mais importantes que devemos observar são o rosto, a posição dos braços e dos pés.

Algumas vezes as crianças desenham alguns seres humanos excessivamente simplificados, os chamados "homens-palitos." Este tipo de desenho revela-nos que a criança concede-se muito pouca importância e que deseja atrair nossa atenção para outros elementos do seu desenho.

Olhos desenhados à base de traços grandes e redondos dar-nos-ão a entender que a criança tem a curiosidade à flor da pele, ainda que em alguns casos também poderiam ser um indício de medo.

Alguns olhos excessivamente pequenos dizem-nos que a criança prefere não ver nada do que está ocorrendo ao seu redor, ou melhor, que sabe que lhe ocultam algo e ela está disposta a seguir o jogo.

A ausência de boca destaca a criança que prefere calar-se, não dizer nem uma palavra. Por quê? Os elementos restantes do desenho serão os que nos podem dar a resposta.

Em oposição, uma boca demasiadamente acentuada, seja pela sua abertura ou pela sua cor, faz referência a um tipo de criança que não costuma precisamente "guardar a língua no bolso."

Em geral é frequente que as figuras humanas desenhadas pelas crianças careçam de orelhas, pois o cabelo costuma ocultá-las. Quando as orelhas estão muito aparentes quer dizer que a criança tem bom ouvido.

A posição dos braços tem também sua importância. Quando voltados para cima, significam que a criança quer ser ouvida. O fato de levantar o braço representa uma chamada de atenção e mostra o desejo de uma resposta imediata.

Se todas as figuras humanas tiverem os braços caídos, pegados ao corpo, pode ser um indício de que a criança está atravessando um momento em que não quer nenhum contato social. Em troca, os braços horizontais e abertos significarão uma necessidade de interagir com os demais. Esta criança estará disposta a receber tudo o que queiramos dar-lhe.

Se a figura carecer de mãos, é uma indicação de que a criança sente-se incapaz de dominar a situação na qual vive, talvez porque não lhe demos a oportunidade de fazê-lo ou talvez porque ela mesma não o deseja.

Quando são os pés os que faltam, geralmente a mensagem transmitida é uma busca de estabilidade, apesar de que também pode ser que a criança sinta que não é capaz de se mover, chegando assim a ser muito dependente do seu meio.

O sol

Antigamente o sol representava o pai, mas com o passar dos anos esta interpretação modificou-se ligeiramente.

Geralmente o sol aparece nos desenhos da criança com muito mais frequência do que a lua ou as estrelas. Representa a energia masculina e define o nosso lado independente e combativo.

Se estiver à esquerda do papel (já sabemos que o lado esquerdo representa o passado e também o vínculo com a mãe), pode representar a influência de uma mãe independente que age sem levar muito em consideração os demais. Quando seus raios forem demasiadamente grandes, estão mostrando-nos uma mãe talvez envolvente em demasia.

Quanto mais fortes sejam os raios, mais perigo haverá de que a mãe seja das que querem impor sua vontade e controlar tudo.

O sol situado à direita do papel, revela-nos a percepção que tem a criança a respeito do seu pai.

Um sol excessivamente radiante pode indicar uma certa tendência à violência verbal ou física por parte do pai. No entanto, um sol sem raios mostra uma perda de entusiasmo, e talvez de autonomia. Como sempre, se estiver situado à esquerda referir-se-á à mãe, se está à direita, ao pai

Quando o sol estiver localizado em pleno centro do desenho representa o próprio indivíduo. Neste caso estamos diante de uma criança que quer ser independente e que acredita ter uma certa responsabilidade por sua mãe e por seu pai. Talvez se trate de uma família desarticulada, porém, ela possui o caráter e o potencial necessário para fazer frente à situação.

A lua

Enquanto o sol representa a energia masculina, a lua mostra o aspecto feminino, intimamente ligado à doçura, à adaptação e à intuição.

A criança que percebe sua mãe como uma pessoa doce e flexível, intuitiva e atenta, desenhará uma lua no lado esquerdo do papel. Se seu desenho não estiver bem definido e inclui cores suaves, levar-nos-á a pensar numa mãe muito emotiva, com certa dificuldade para se afirmar. Pode ser uma pessoa deprimida e isso faz com que o ambiente familiar seja agitado, afetando também a criança.

Um pai imaginativo e com talento artístico será representado pela criança com uma lua situada à direita do desenho. Se, além disso, no seu conjunto o desenho parecer negativo, isto é, com grandes nuvens, chuva ou uma casa que flutua à deriva, é sinal de que o pai é sonhador e irresponsável, que tem dificuldades para assumir seu papel de pai de família ou sua condição de homem casado.

A criança excessivamente sonhadora (do tipo dos caçadores de tigres brancos na África) desenhará uma grande lua no centro do papel e, por surpreendente que possa parecer, não será uma lua crescente, como é habitual, mas uma lua cheia, pois para seu espírito aventureiro não existe nada mais formoso.

Em geral, quando a criança desenha uma lua totalmente redonda estamos diante de um indivíduo a quem é agradável ser singular e que detesta a monotonia. No entanto, deve-se ter cuidado com ela e tratar para que mantenha sempre os pés na terra.

As estrelas

O simbolismo da estrela é muito parecido com o da flor. A principal diferença entre ambas é que a flor gosta ou seduz, enquanto que a estrela impressiona. Uma flor colhe-se facilmente, enquanto no caso da estrela resulta bastante mais difícil baixá-la do firmamento.

Uma criança que prefere desenhar estrelas vive o momento presente, mas, ao mesmo tempo planeja consciente ou inconscientemente um destino brilhante: "Ser estrela." Algumas vezes os sonhos convertem-se em realidade.

As nuvens

As nuvens não são necessariamente indícios de mau tempo, pois também geram a chuva, que vivifica e regenera.

A criança que é sensível ao ambiente paterno ou social costuma desenhar nuvens, o que denota que é consciente de que sua vida contém tanto os momentos agradáveis, como outros mais difíceis. Sabe diferenciar entre as nuvens que anunciam um simples aguaceiro das que pressagiam uma grande tormenta. A cor utilizada facilitar-nos-á sua interpretação, por exemplo, as nuvens azuis indicam que faz bom tempo, ainda que o ambiente geral pareça não coincidir em alguns pontos. Quando as nuvens forem cinza ou negras, terá chegado o momento de abrir o guarda-chuva.

A chuva

A chuva é um agente fecundante da terra. Limpa e purifica, mas também pode ser devastadora e destruidora.

Alguns interpretam que a chuva representa as lágrimas da criança, ocasionadas por uma penalidade ou alguma desgraça. Em alguns casos isto pode estar certo, enquanto que noutros a função da chuva é bem mais purificadora. "Depois da tempestade, a bonança."

O Arco-Íris, sinal da aliança entre Deus e o homem

Símbolo de paz e de harmonia por excelência, tudo que adota a forma do arco-íris representa proteção. Sua curva já nos indica uma espécie de flexibilidade e de adaptabilidade. E, ao se encontrar sobre nossas cabeças, o arco-íris protege-nos e nos dá segurança. Deve-se prestar especial atenção às crianças que desenham arco-íris com certa assiduidade. Sem dúvida conheceram tormentas no passado e não querem tornar a vivê-las.

É conveniente dar-lhes segurança com relativa freqüência.

A árvore

Para mim, a árvore é o mais importante de todos os elementos contidos nos desenhos das crianças. É uma forma completa em si mesma, que afeta tanto o aspecto emotivo como o físico e o intelectual da criança.

A árvore foi sempre uma parte integrante da história do homem. Sob diferentes nomes, nós a encontramos em todas as religiões: "a árvore da vida", "a árvore do conhecimento", "a árvore do fruto proibido," etc.

A análise do desenho da árvore divide-se em três partes: a base e as raízes, a altura e a espessura do tronco, e os ramos e a folhagem.

A base do tronco informa-nos sobre a energia física da criança, assim como a respeito do tipo de estabilidade que lhe traz o meio-ambiente. Quanto mais amplo for o tronco em sua base, mais "enraizada" estará a criança, será mais fácil para ela carregar-se de energia. As frutas e as verduras extraem seu alimento da terra. O mesmo ocorre com o desenho da árvore, suas raízes cumprem a mesma função.

Uma criança de saúde frágil desenhará uma árvore com uma base muito estreita, sem pressionar muito o lápis. Uma árvore deste tipo é mais fácil de arrancar.

A altura e a espessura do tronco indicar-nos-ão a atitude e o comportamento da criança frente ao exterior. É influenciável ou vulnerável? É capaz de se afirmar?

A árvore que possui um tronco alto e grosso ocupa mais espaço, enquanto que um tronco muito estreito, ainda que seja de considerável altura, será sempre mais vulnerável. A criança assemelha-se ao tronco da árvore que desenha. Transporta para o desenho sua percepção social e nos indica o lugar que ela ocupa socialmente.

A partir dos cinco anos, é frequente que a criança desenhe um círculo no centro do tronco da árvore. Se lhe perguntarmos, dir-nos-á que é a casa dos serelepes ou dos passarinhos. Isto representa o despertar da sexualidade do ponto de vista social. Nesta época é habitual encontrarem-se símbolos sexuais nos desenhos. As perguntas que plasmam no papel serão tanto ou mais expressivas que as verbais.

Os ramos e as folhas revelam a imaginação e a criatividade. A seiva que alimenta a árvore produz uma folhagem abundante. Se não houver seiva, tampouco haverá folhas. Toda imaginação fértil tem necessidade de seiva para alimentar o espírito.

Uma árvore sem folhas e com poucos galhos, certamente não está bem alimentada. Falta-lhe talvez o adubo? Quem sabe, a criança sente-se triste e sem motivações? Seria bom tratar de despertar sua curiosidade, pois sem dúvida necessita de novidades.

Uma folhagem abundante indica muitas idéias e projetos. A esta criança não lhe faltam idéias, mas cuidado, porque uma folhagem muito frondosa também pode resultar demasiado peso para os ramos. Neste caso, é conveniente podá-la um pouco, quer dizer, deixar de lado alguns projetos, pois, do contrário, a criança não poderá realizar tudo o que deseja já que são coisas demasiadas.

As flores: símbolo do amor

As flores cativam-nos com suas cores e com seu delicado perfume. É lastimável que sua beleza seja tão efêmera!

A criança que desenha flores deseja agradar. Se o fizer de maneira repetitiva, demonstra que necessita de certa segurança e talvez seu ego tenha necessidade de ser alimentado. (Sempre terá que se ocupar das flores: regá-las, podá-las etc)

Costuma acontecer quando o complexo de Édipo faz sua aparição, o menino ou a menina desenham muito mais flores que de costume, pois ambos desejam atrair e manter a atenção da mãe ou do pai respectivamente.

As montanhas

A montanha representa a estabilidade que a criança encontrou ou que tenta encontrar. Também pode simbolizar certas metas ou sonhos aos quais se apega. O que a criança tenha desenhado sobre sua montanha permitir-nos--á verificar diante de qual destas circunstâncias estamos. Podemos encontrar uma árvore, uma casa, umas flores etc. Estes diferentes temas acrescentados ao desenho farão que descubramos em que estado anímico a criança vive suas necessidades. Não devemos esquecer-nos de que se a montanha estiver à esquerda da página, trata-se de uma estabilidade adquirida no passado e encontrando-se à direita é uma estabilidade que a criança deseja conseguir. Quando está situada no centro, revela as metas e os sonhos que necessitam concretizar-se imediatamente.

A criança que desenha uma ou várias árvores sobre a montanha manifesta que não é consciente de que existe algo que a empurra para diante ou talvez para superar um obstáculo. Em todo caso, não está atuando de maneira voluntária.

Uma casa sobre a montanha reflete que a criança está vivendo, emocionada, uma determinada transformação e que tanto ela, como seus entes queridos, conseguirão harmonia e estabilidade após o dispêndio de uma grande energia.

As flores representam os sonhos da criança, seus desejos e seus projetos; em troca, a montanha está associada ao grande esforço. Agradar-lhe-ia que as coisas fossem mais fáceis. Neste caso é importante observar atentamente o resto do desenho. Pode ser que estejamos diante de uma criança um pouco preguiçosa ou talvez oportunista. A simbologia dos outros traços ajudar-nos-á a encontrar a reposta adequada. Talvez se trate simplesmente de uma criança que sonha com algo, sabendo que não vai poder conseguir e, no entanto, age com se já o tivesse. Isto pode ajudá-lo a viver uma certa etapa que fortalecerá seu equilíbrio e sua estabilidade emotiva.

Os animais

Quando a criança concentra-se muito nos desenhos dos animais significa que trata de comunicar-nos uma determinada necessidade. Talvez experimente uma certa dificuldade em ser compreendida pelos adultos.

O tipo do animal desenhado assinalar-nos-á a origem de suas preocupações, verificaremos se as necessidades são físicas, emotivas ou intelectuais.

Se preferir desenhar cães é que adora a companhia, preferindo esta à tranquilidade. Geralmente é uma criança que fala e que se move muito. Por ouro lado, os desenhos de gatos assinalam-nos uma necessidade de independência e de solidão.

O cavalo nos dá-nos a entender que estamos diante de uma criança ambiciosa, que com frequência fala do futuro e do que fará mais adiante. O pássaro é outro animal muito habitual nos desenhos das crianças, denota curiosidade e alegria, mas também o desejo de fazer várias coisas ao mesmo tempo.

A água e os peixes estão ligados a uma natureza tranqüila e nos indicam uma criança que é feliz, tanto se estiver só, como em grupo. Não obstante, a este tipo de criança não devemos pedir-lhe que nos dê sua opinião, nem que tome decisões, pois sua resposta se faz esperar.

Se a criança desenhar monstros, não devemos nos preocupar. Quer impressionar e influenciar os demais, porém resulta ser ela a mais influenciável e a mais impressionável. É verdade que está procurando um certo poder, mas se encontra, todavia, no princípio da fase da experimentação. Não devemos esquecer o conto da Bela e da Fera; chegará um momento em que a Fera converter-se-á num príncipe.

Os veículos

As crianças costumam desenhar bicicletas, ônibus, aviões, carros etc. Estes veículos simbolizam sua atitude social, isto é, o modo como a criança porta-se em relação aos demais.

A criança que costuma desenhar carros está habituada a se acomodar às normas estabelecidas ao seu redor. De vez em quando passará algum semáforo, mas não o faz com demasiada frequência.

Os ônibus significam que a criança necessita fazer as coisas como as outras, funciona melhor em grupo e não lhe agrada sentir-se isolada.

O avião voa sempre mais para cima, mais rápido e sobre todos os demais. A criança que os desenha está manifestando um certo poder de liderança. É uma criança que compreende rápido as coisas e que reage também com certa rapidez. Pode, inclusive, parecer-lhe que os demais são lentos. É conveniente que seu grupo de amigos seja formado por crianças de mais idade do que ela, pois tem pressa para ser como os maiores.

A bicicleta, por seu lado, fala-nos de um ritmo mais pausado. Estamos diante de uma criança que prefere seguir por seus próprios passos, detendo-se quando lhe apetecer e reiniciando a marcha quando lhe parecer oportuno.

O barco

Os frequentes desenhos de barcos indicam-nos uma grande capacidade de adaptação às circunstâncias imprevistas. Não obstante, a interpretação variará conforme o tipo de barco desenhado: grande ou pequeno, transatlântico ou simples canoa. A água por onde flutua o barco também tem sua importância. Uma água tranqüila denota que, no momento, o destino não nos reserva nenhuma surpresa, tudo transcorre com calma e suavidade.

Quando aparecerem grandes ondas, ou inclusive uma tormenta, é previsível que se produzam mudanças no ambiente.

Se desenhar barcos grandes, é agradável à criança o controle dos imprevistos. Detesta as mudanças. Não se deixa molhar pelas ondas. Por outro lado, um veleiro simboliza que a criança acomoda-se facilmente às situações da vida e que ao mesmo tempo possui uma grande sensibilidade e intuição. Entretanto, não está muito bem equipada para aguentar os grandes temporais, por isso devemos estar ao seu lado e que pode contar conosco em caso de necessidade.

Avaliação exaustiva do desenho

Para levar a cabo uma avaliação detalhada, o melhor é utilizar-se de vários desenhos realizados pela criança durante um certo período de tempo. Em geral, um só desenho não é suficiente para avaliar os pontos fortes, as debilidades e as necessidades da criança. Com frequência, ao analisar um só desenho, parece-nos que a criança não apresenta nenhum problema; não obstante, unicamente se examinarmos vários trabalhos poderemos estar seguros da pertinência da nossa análise inicial.

Como é óbvio, nossa finalidade não deve ser encontrar problemas a qualquer preço, mas captar do modo mais exato possível as mensagens que a criança transmite-nos inconscientemente através dos seus desenhos. O exame de vários exemplares permitir-nos-á realizar uma análise mais exata e mais eficaz.

Os desenhos permitem-nos incrementar consideravelmente nossos dados sobre o temperamento, o caráter, a personalidade e as necessidades da criança. Assim, ajuda-nos a descobrir e a reconhecer as diferentes etapas pelas quais atravessa.

Também podemos analisar os desenhos realizados pelos adultos. A diferença do que ocorre com as crianças, com quem é preferível que o tema seja totalmente livre e sem imposição alguma, nos adultos é costume tratar-se de um desenho dirigido, pedindo a eles um tema específico, assim como a inclusão de certos símbolos. Habitualmente este tipo de análise é muito eficaz na hora de orientar o adulto para uma nova carreira ou profissão, ou também nos momentos em que se devem estabelecer as metas que alguém deseja alcançar na vida. A maioria das pessoas não se opõe a esse tipo de provas; ao contrário, sentem curiosidade por descobrir o que é que se oculta atrás dos seus desenhos.

Alguns Exemplos de Análise e Interpretação

Como Interpretar os Desenhos das Crianças

Analisando os rabiscos da criança, poderemos comprovar se ela se encontra numa fase em que a aprendizagem dirigida resultará mais fácil do que os jogos livres. Nestes rabiscos é importante observar a super posição dos traços. Quando a criança desenha deste modo, está mostrando-nos sua capacidade de concentração, apreciamos que seus gestos sejam menos dispersos e também seus pensamentos. Neste período será fácil para ela aprender, já que é mais receptiva e pode concentrar melhor sua atenção.

Observamos também que a criança tem situado seus traços no centro da folha, o que significa que vive o momento presente sem olhar para trás e sem se inquietar pelo futuro.

A ênfase posta na pressão demonstra vivacidade e vontade. Esta criança está preparada para utilizar a enorme energia que guarda no seu interior.

Como Interpretar os Desenhos das Crianças

Estes rabiscos que enchem o espaço com movimentos amplos e gestos rápidos e decididos, revelam-nos a liberdade que esta menina se concede. Está experimentando o movimento.

Por hora não vale a pena apresentar-lhe jogos que exijam concentração, porque não lhe parecerão interessantes.

Pode-se ver que a pressão dos traços varia muito. Esta menina não é constante na afirmação de si mesma. Em algumas coisas exige e em outras não está muito segura do que quer. É fácil notar sua vacilação.

É importante que a criança pequena descubra os traços que produz o movimento da sua própria mão. A criança pode desfrutar muito com este novo jogo. É bom animá-la, mas ainda melhor é jamais a obrigar.

Não devemos surpreender-nos se a criança, depois de fazer uns poucos riscos com o lápis, deixar de desenhar. As primeiras experiências costumam ser de curta duração. Não nos preocupemos, em seguida retornará, e a cada vez fará com mais força e segurança.

Como Interpretar os Desenhos das Crianças

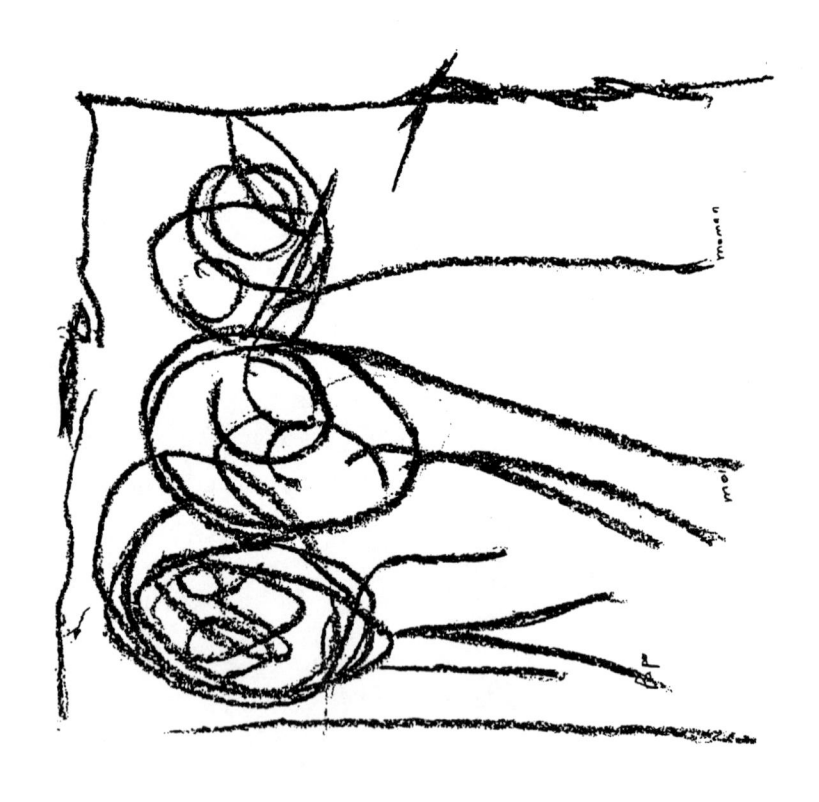

Este desenho ocupa a parte esquerda do papel. Todo ele foi realizado na mesma cor: malva. No seu conjunto representa a criança rodeada pelos pais: à esquerda, o pai e à direita, a mãe. Os três personagens foram desenhados de uma maneira quase idêntica, no entanto, o desenho do pai está um pouco mais elaborado, pois a criança acrescentou braços e alguns traços mais na cabeça. Aparentemente o pai goza da sua preferência, ainda que a mãe tenha também grande importância.

Os três personagens estão enquadrados por uma linha (a criança especificou que estão em sua casa.) A pressão da linha vertical à direita do desenho é um elemento que deve atrair nossa atenção. A mensagem parece bastante clara: Não toquem na minha família, não quero que nada mude com ela! A cor malva indica-nos que a criança sente-se privilegiada por pertencer a esta família.

Observemos que sobre as três figuras a linha também é um pouco mais grossa. Podemos apreciar que havia antes uma espécie de abertura, mas a criança fechou-a pressionando muito com o lápis. Inconscientemente sabe que esta estabilidade, tão apreciada por ela, não poderá durar eternamente.

No momento, é preferível manter a situação assim tal como está. Dentro de alguns meses, quando a criança tenha crescido um pouco, sem dúvida aceitará um pouco mais de liberdade para cada um dos componentes da família. Agora, o importante para ela é identificar-se com seus pais, mais adiante chegará a hora da autonomia.

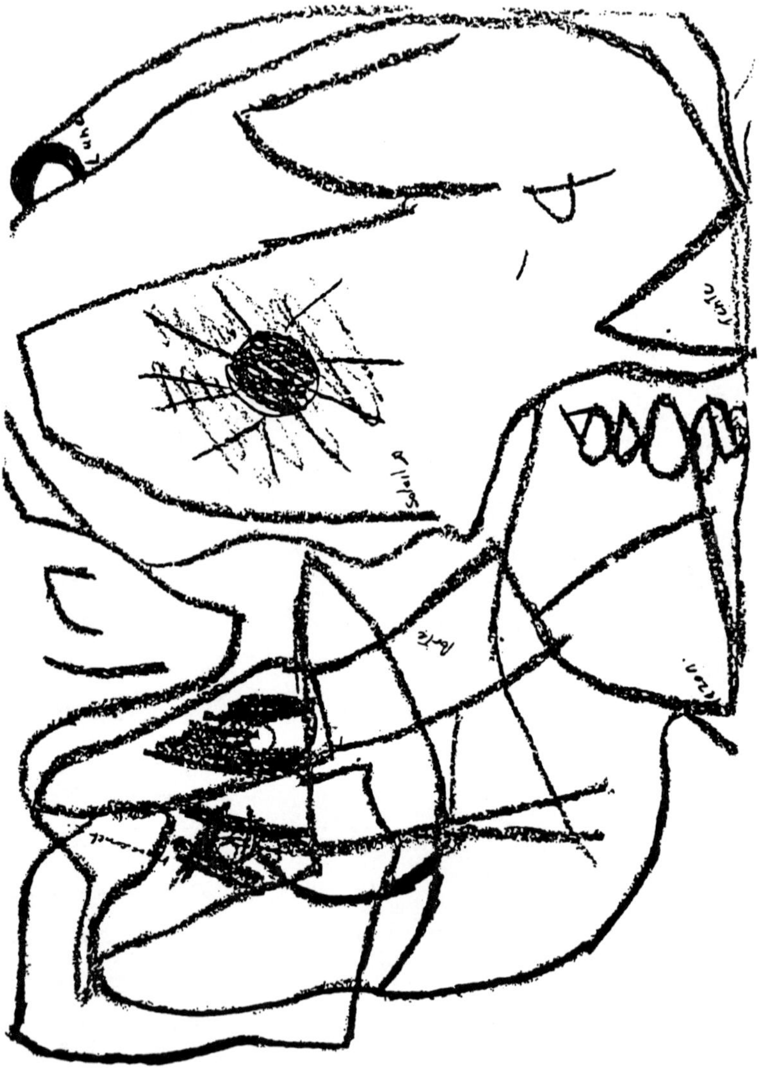

Aqui temos um labirinto com um sol radiante no centro e duas figuras humanas que parecem procurar o caminho adequado. A primeira vista, poderíamos pensar que o sol constitui o elemento mais importante; não obstante, quero chamar a atenção para a parte superior do papel, a da direita. Como vemos, a criança desenhou ali uma lua, fora de todo o labirinto.

Ao fazer o desenho, a criança comentou: "O sol já vai declinar, porém a lua está saindo."

Todo o desenho é de cor malva, o que significa paz e harmonia. Este estado anímico é produto da influência que uma determinada pessoa exerce sobre a criança. No futuro próximo, passará a outra etapa importante e diferente: a lógica e a razão darão lugar à intuição, à imaginação e à criatividade. Com este labirinto, a criança quer-nos dizer que é curiosa por natureza e que está sempre disposta a descobrir, inclusive, aquilo que possa parecer-lhe misterioso.

O presente desenho dá testemunho de um espírito aberto, ainda que, talvez, para esta criança tenha sido difícil tomar consciência de algumas coisas (por isso o labirinto), o fato de pôr o sol no centro está revelando-nos que está muito motivada e desejosa de conhecer mais. Este tipo de desenho recorda-nos muito o simbolismo relacionado com os mandalas.

Como Interpretar os Desenhos das Crianças

Neste desenho o elemento essencial é um arco-íris, debaixo do qual vemos um camundongo e uns globos que voam (disse-nos a criança.)
O simbolismo do arco-íris sempre tem a ver com a proteção. Aqui o camundongo perde seus globos, porém eles não poderiam ir muito longe porque o arco-íris está aí para frear seu vôo.

Neste caso, o arco-íris não só limita o trajeto dos globos, mas também diminui a influência do sol e das nuvens.

A criança acredita que, apesar de que algumas coisas lhe escaparem, ou não possa controlar alguma situação, sempre vai encontrar uma pessoa capaz de arrumar tudo conforme seus gostos e seus desejos.

Se esta fase prolongar-se, pode ocorrer que a criança chegue a ser demasiadamente dependente dos demais, carecendo da segurança e da autonomia necessárias. Talvez se tenha acostumado a uma certa preguiça, já que lhe dão tudo que quer, sem nenhum esforço de sua parte.

Ao analisar a simbologia do arco-íris devemos ser sempre prudentes. Conforme a importância que a criança tenha concedido-lhe, poderemos chegar á conclusão de que está buscando maior proteção ou melhor, que simplesmente tem uma necessidade normal de segurança.

Neste desenho não há nenhum equívoco: o arco-íris é o elemento central. Esta criança deseja o máximo de proteção, com o objetivo de que sua vida seja o mais fácil possível. Se ao contrário, estivermos diante de um arco-íris menos apelativo, seu simbolismo seria muito menor.

Como Interpretar os Desenhos das Crianças

O sol de cor laranja posicionado no centro da folha representa a própria criança que o desenhou. Está dizendo-nos que tem necessidade de contato social. Quando tem gente ao seu redor, sente-se feliz.

É uma menina ativa, que se interessa por muitas coisas, o que pode implicar numa certa dificuldade para se concentrar. Encanta-lhe tudo o que tem a ver com o jogo e a diversão. Quando pedirmos que vá um pouco mais devagar e que preste mais atenção, não parece interessar-se muito (olhos e mãos vermelhos.)

A casa é do estilo "mandala," uma vez que se compõe de várias cores que parecem uma espécie de labirinto. Esta criança adora o mundo inteiro e quer descobri-lo todo.

A figura humana está no lado direito, o que nos indica que sempre está disposta a ajudar quando dela necessitarem. É boa (corpo de cor rosa e pés verdes) e nada lhe escapa (olhos vermelhos), e também não podemos dizer que o gato tenha lhe comido a língua (boca aberta.) Distinguimos uma nuvem azul e algumas gotas de chuva: aceita bem a crítica; no entanto, do lado esquerdo aparecem umas cruzes e abaixo delas, outra vez, um pouco de chuva. É evidente que fez cruzes sobre algumas críticas que lhe dirigiram no passado.

Aparentemente, quando lhe fizeram alguma observação, compreende-a e a aceita (cabelos azuis) porém, no fundo, segue fazendo o que tem vontade (cabeça vermelha), mas sem nenhuma maldade ou manipulação. Sente-se autônoma e capaz de viver sozinha. Isso é tudo.

Como Interpretar os Desenhos das Crianças

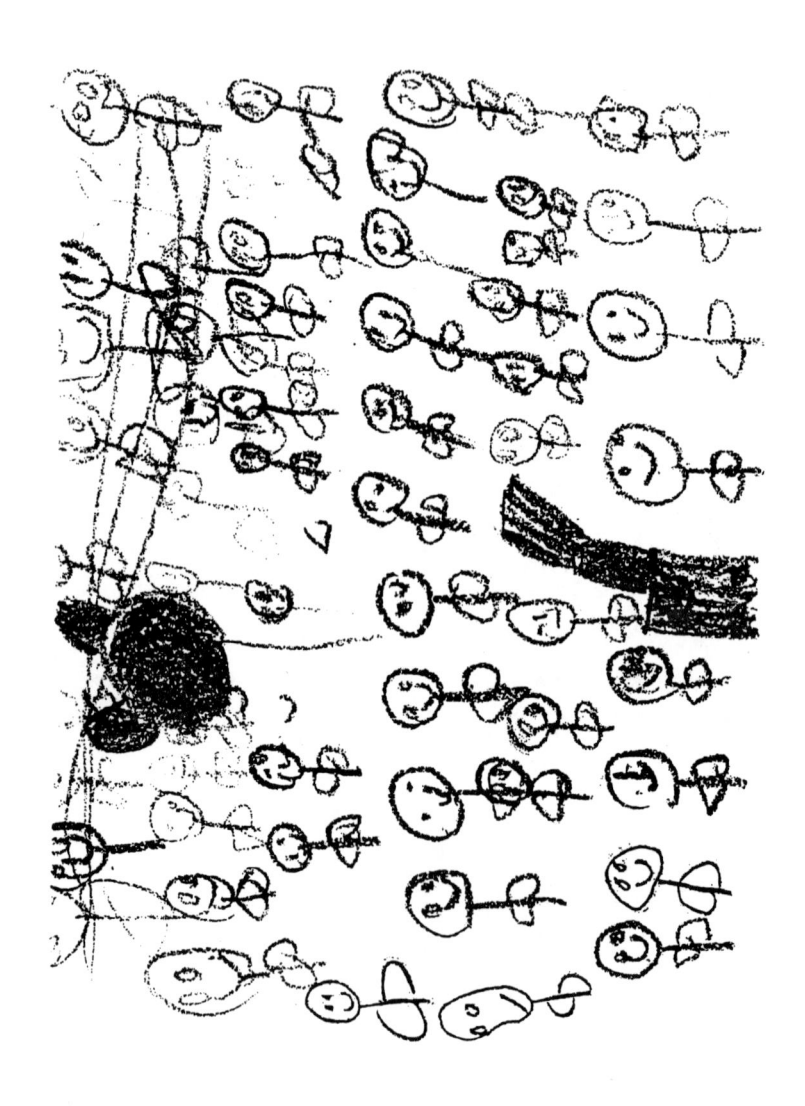

Desenho com armadilha

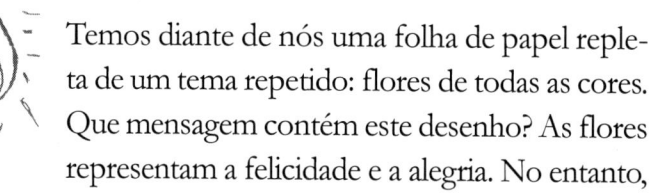

Temos diante de nós uma folha de papel repleta de um tema repetido: flores de todas as cores. Que mensagem contém este desenho? As flores representam a felicidade e a alegria. No entanto, o fato de que o tema seja tão repetitivo pode indicar precisamente que isso é o que a criança procura: felicidade e alegria.

Devemos ter cuidado para não cair na armadilha. Este desenho oculta pena ou insatisfação, como indica a casinha localizada na parte baixa do papel. Da sua chaminé sai uma fumaça negra. O quê estará queimando?

Também há um globo que voa, no qual, inclusive, pintaram umas orelhas.

Poderíamos pensar que lhe agradaria mudar de contexto ou que o ambiente que a rodeia seja mais ligeiro e alegre. Parece não apreciar muito o que dizem as pessoas ao seu redor. Trata de parecer feliz, mas...

Todo desenho com tema repetitivo indica uma certa vulnerabilidade e, inclusive, em alguns momentos, pode representar um pouco de angústia.

A criança que desenhou estas flores apega-se a seus sonhos com uma grande esperança. Procura sonhar, ainda que a realidade (a casa) venha à superfície com frequência.

Como Interpretar os Desenhos das Crianças

Aqui temos um desenho muito simples: uma macieira com duas flores à sua direita (é o que nos disse a criança.) Em toda a parte superior, um grosso traço horizontal de cor azul atravessa a folha.

A macieira indica-nos uma criança imaginativa e criativa e o fato de que está no centro da parte inferior do papel reflete que para ela o momento presente é importante e que afronta o futuro de modo otimista (flores colocadas à direita.)

O céu, representado por um grosso traço azul, é também um elemento de proteção. Esta criança passa o dia sem demasiadas tensões. Sabe proteger-se e se certifica de que o seu céu está sempre azul e de que não haja nuvens cinzentas.

Ainda que alguns desenhos apresentem muito poucos elementos, é importante que dediquemos o tempo necessário a observar, com atenção, cada um dos seus traços.

Neste caso, percebemos que a criança aplicou-se muito ao realizar o desenho: o gesto é preciso e nada desajeitado. Sem ser uma criança modelo, podemos esperar dela um comportamento próprio de uma criança de mais idade.

Como Interpretar os Desenhos das Crianças

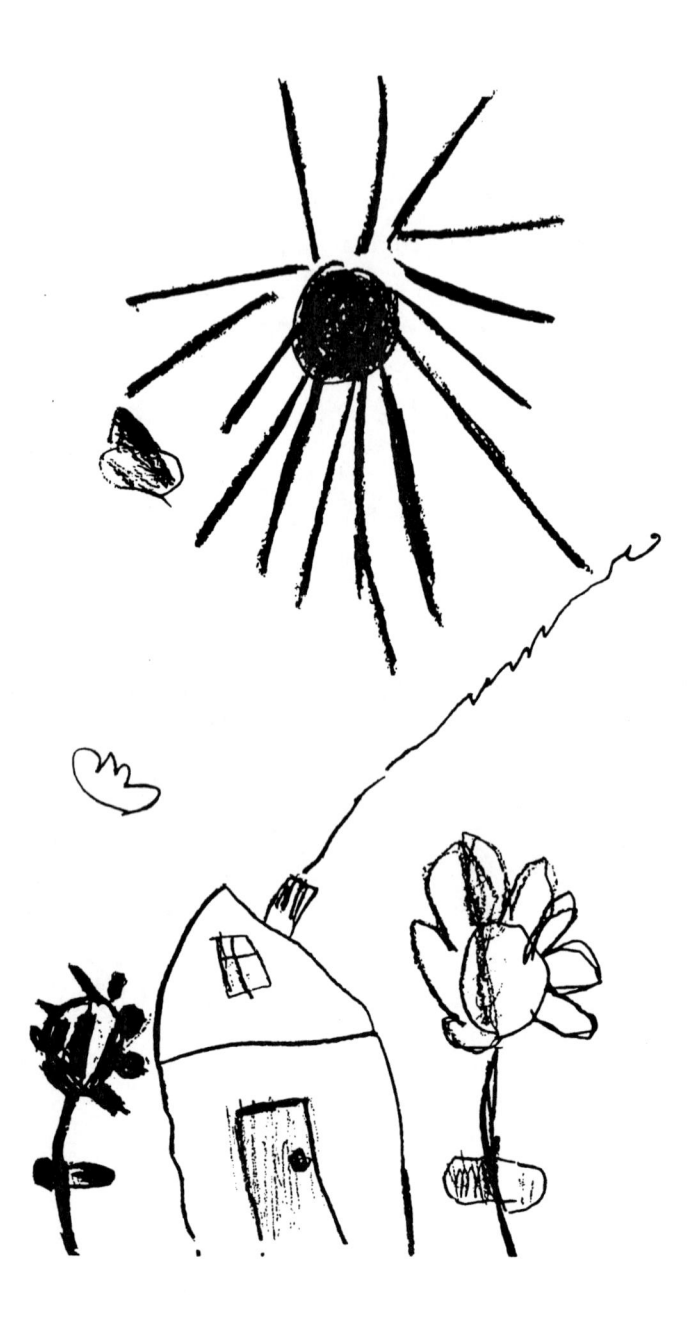

Neste desenho aparece uma casa de cor laranja com uma porta azul-marinho, uma chaminé com um fiozinho de fumaça vermelha e um sol radiante.

Geralmente as flores simbolizam alegria e busca da felicidade, não obstante, neste desenho, representam as pessoas que rodeiam a criança. A da esquerda é menor, com pétalas amarelas e negras e o centro amarelo, vermelho e negro, e está muito inclinada para a direita, quase tocando a casa. Esta flor representa a mãe, que guarda no seu interior uma certa cólera (vermelho e negro), mas reprime sua agressividade para não afligir a criança (a casa.)

A flor da direita, composta das cores vermelha e verde, é maior. Talvez o pai seja um pouco autoritário (vermelho) e para ela é natural ser o chefe que decide tudo.

A criança escolheu identificar-se com a casa, um pouco inclinada para a flor da esquerda, como se quisesse aproximar-se dela, ao mesmo tempo em que se afasta da flor da direita.

A ela agrada a companhia de outras pessoas (casa de cor laranja), porém, do seu interior surge também uma certa agressividade (chaminé e fumaça vermelhas.) No traço que forma a parte esquerda da casa, detecta-se uma certa vulnerabilidade; afeta-lhe emocionalmente a situação da sua mãe, identificando-se com a agressividade e a inquietude dela.

O sol trata de aquecer tudo o que se acha abaixo dele (a criança deseja trazer um pouco de calor ao seu redor.)

Como Interpretar os Desenhos das Crianças

Esta menina está muito bem cercada. A existência de vários sóis indica-nos não apenas a influência do pai e da mãe, mas também de outras pessoas que são muito favoráveis ao seu desenvolvimento.

A casa é estável e está cheia de amor (coração malva.) As flores de várias cores são símbolo de felicidade e alegria. A menina é consciente da atenção que desperta e mostra sua gratidão a todos que a cercam.

Ao olhar para o passado tudo lhe parece bonito e quando se concentra no futuro, encontra-o também favorável.

Mas cuidado! Há um sinal importante: a porta da casa não tem fechadura, nem maçaneta. Até o momento, para esta menina não lhe foi, talvez, permitido descobrir coisas fora do seu mundo imediato.

Seu meio transmite-lhe a idéia de que o mundo é todo amável e belo. Não obstante, podemos supor que até agora não tenha tido nenhum tipo de contato social. Está tão rodeada de amabilidade e de delicadeza, de boas intenções...

Certamente no dia em que tomar consciência de que existe um mundo fora de sua casa e do seu pátio, terá algumas surpresas.

Como Interpretar os Desenhos das Crianças

Este menino deseja atrair nossa atenção para sua casa, pois suas dimensões são bastante consideráveis. No entanto, na hora de realizar a análise não é este o elemento mais importante, mas a árvore situada à direita e o sol do ângulo esquerdo do papel. Com esta casa, o menino trata de nos dizer que seu ambiente traz uma certa estabilidade (cor marrom), mas a porta é muito pequena e não tem maçaneta nem fechadura. Esta criança logo irá viver uma nova etapa em que predominarão novas tomadas de consciência e uma autonomia maior. O que nos leva a esta interpretação são as janelas de cor malva, na parte alta da casa, o que significa uma nova maneira de pensar. Por outro lado, a chaminé vermelha assinala um início de rebeldia, ainda que, todavia, insuspeita, já que, no momento, não solta fumaça. A agressividade deste menino mantém-se entretanto no inconsciente. O sol, desenhado à esquerda, é pouco visível e carece de raios, razão pela qual não tem uma grande influência. Em compensação, o coração convertido em pessoa substitui em parte o sol. Com ele a criança está comunicando que existe uma pessoa muito próxima a ela que a quer muito bem - neste caso é a mãe. Também aparece uma flor um pouco inclinada para a esquerda. Na sua parte central vemos as cores rosa, vermelho e amarelo. No passado, esta criança era enérgica e curiosa por natureza, porém, parece que alguém do seu meio achou conveniente dar-lhe uma certa disciplina (casa marrom). A árvore situada à direita revela que esta criança tem necessidade de respostas a suas perguntas. São perguntas que, todavia, não formulou, mas que, sem dúvida, formulará em breve.

Como Interpretar os Desenhos das Crianças

Aqui se vê uma casa de cor laranja, com um teto verde e várias janelas. Sobre a casa há duas nuvens azuis. A esta menina agrada-lhe a companhia de outras pessoas (casa vermelha.) Aprende com rapidez e tem uma boa memória (teto verde.) É muito curiosa e totalmente aberta ao exterior (janelas grandes.) Seu ambiente está continuamente em movimento (traço ondulado na base da casa.) É consciente de ser vigiada e sabe que, se for o caso, pode ser repreendida, mas também sabe que tudo é para seu próprio bem (nuvens azuis.) A mãe exerce sobre ela uma influência maior do que a do pai (sol à esquerda.) Um grande coração de cor rosa nos fala da sua constante necessidade de afeto e atenção.

A casa não foi desenhada na parte baixa do papel, mas bem no centro do mesmo. Esta menina é muito influenciável por tudo o que "estiver na moda." Qualquer coisa nova que tenham suas amigas, ela não tardará em conseguir também.

O problema que pode surgir é que a menina não tome consciência de seus gostos pessoais ao ficar demasiado centrada no que, para os demais, parece "bonito" ou "alinhado."

Como Interpretar os Desenhos das Crianças

Neste desenho voltamos a nos encontrar com os temas da casa, da árvore, do sol e das figuras humanas.

Estamos diante de árvores muito diferentes uma das outra. A da esquerda é frondosa, enquanto que a da direita é despojada de folhas. Por um lado temos o simbolismo da árvore no verão, e por outro, o da árvore no final do outono ou no início do inverno. Esta menina está vivendo uma importante transição. Há muito pouco parecia ativa, motivada e curiosa (árvore no verão). Não obstante, acaba de mudar de atitude e já não quer participar. Aconteceu com ela uma espécie de retraimento (árvore no inverno). A resposta a esta mudança de comportamento é-nos dada pelo sol. Situado à esquerda, representa a mãe ou uma importante influência de uma pessoa do sexo feminino. Pelo modo como se estendem seus raios, este sol revela que a mãe é enérgica e ambiciosa. É uma mãe brilhante demais e demasiadamente exigente com sua filha, talvez até o ponto de empurrá-la um pouco mais além das suas capacidades. Durante algum tempo, a menina foi capaz de corresponder às exigências da sua mãe, porém, já pode ter chegado ao seu limite.

A menina, no entanto, não percebeu por si mesma, mas, sim através das observações das outras pessoas que a cercavam. As duas figuras da direita parecem estar comentando algo. Uma delas é de cor laranja que, como já sabemos, representa o aspecto social. Parece que a menina precaveu-se da sua situação por comentários procedentes de outras pessoas.

A fechadura da porta, colocada ao lado direito, indica-nos que esta menina não deseja olhar para trás, porque sua vida está voltada para o futuro. No momento não quer saber de nada. O traço negro do teto confirma-nos esta interpretação. As janelas verdes trazem uma nova brisa que purifica os condicionamentos passados. A menina vê agora as coisas de um modo diferente.

Percebemos também uma certa agressividade, já que tanto a chaminé como a fumaça são de cor vermelha. Daqui a algum tempo, a menina fará certamente um corte com o passado e sua mãe já não terá mais sobre ela a influência de antes. Podem ocorrer duas coisas: que a mãe mude de atitude, ou que a menina se distancie dela e assim acontecerá por tanto tempo quanto for necessário.

Quando nos encontrarmos com um desenho que mostre uma certa tomada de consciência por parte da criança e, em especial, uma mudança de atitude, é preferível esperar um pouco antes de intervir. Devemos dar-lhe tempo para que a criança possa ajustar-se plenamente. Uma situação que no passado parecia negativa pode revelar-se como uma experiência muito enriquecedora para o futuro.

Este desenho proporciona-nos uma variada informação sobre as relações entre mãe e filha, porém, o que mais nos interessa é saber até que ponto chegará a menina ao se afirmar. Estará a mãe disposta a levar em consideração as opiniões da sua filha?

Em semelhantes situações é maravilhoso dispor de um recurso tão valioso como é a interpretação dos desenhos. Através deles são-nos revelados os tesouros do inconsciente.

A nós fica a tarefa de descobri-los e de interpretá-los.

O poder do pai sobre o filho é algo que transparece com bastante facilidade. Disto nos faz saber a criança, de uma forma bastante clara, através dos diferentes símbolos que seus desenhos costumam conter.

Se compararmos o desenho da página 78 com o da página 86, veremos que ambas as mães exercem um certo poder sobre os seus filhos, mas não se trata do mesmo tipo de poder.

O desenho da página 78, fala-nos da mãe sensível e emotiva, plenamente consciente de que seu filho se identifica com ela. Esta mãe cuida para não chamar a atenção do filho sobre o que ela vive no seu íntimo, com receio de preocupá-lo.

Entretanto, o desenho da página 86, mostra-nos a mãe cuja atitude é oposta. Ela se serve do "seu" poder e impõe "sua" vontade para o "bem" da "sua" filha.

A primeira é consciente da força que exerce, enquanto que a segunda aproveita para controlar a situação.

Como Interpretar os Desenhos das Crianças

Aqui vemos uma casa vermelha, sinal de agressividade. Por não ter janelas, é difícil mudar de ares, isto é, não vai ser fácil ver a situação por um prisma diferente.

No que mais devemos concentrar nossa atenção é na rachadura que o menino desenhou na parede direita. Existe certa vulnerabilidade no nível emocional. Esta casa está em perigo. E além de tudo, as nuvens são também vermelhas: esta criança está rodeada de cólera por todas as partes. Mas, quem é o responsável?

A resposta é-nos dada pelo sol, à direita do papel. Neste caso, representa um pai muito dominante e excessivamente aferrado às suas idéias fixas (sol centralizado, de cor vermelha). Os raios deste sol são negros, consequemntemente as vibrações que desprende não são nada boas.

A criança está afetada emocionalmente, pois vemos que representa a si própria mediante uma figura minúscula e sem braços. Sente-se totalmente incapaz de agir e de raciocinar. Não obstante, trata de manter o sorriso. Esta figura humana está situada ao lado da piscina (elemento água) que limpa e refresca. Mesmo se a piscina for um lugar para se-refrescar, a água que nela se encontra é de cor negra. Isto nos dá a entender que criança procura mudar de idéias, mas a situação continua sendo a mesma, totalmente estanque.

A árvore simboliza o inconsciente. O que pode ajudar a criança, neste caso, é a força do seu inconsciente Esta criança não se identifica com a imagem do pai nem com a da mãe; sente-se diferente e sabe que ela não é a "causa" nem a responsável pela situação e tudo isto a ajuda a manter um certo equilíbrio. Não é, todavia, consciente da sua individualidade, porém, esta já se encontra muito presente.

Em geral, o papel que desempenham as flores é trazer alegria e alento, mas no caso presente não é assim. Ainda que algum acontecimento produza certa felicidade, este menino não consegue esquecer a agressividade que o rodeia. Podemos ver uma flor amarela (cor que representa o intelecto, a curiosidade e o conhecimento), que pode ser a porta de saída. Tudo o que possa alimentar o intelecto desta criança será válido. Possivelmente a escola seja um bem paliativo para a situação que vive em casa.

Teria de cortar todo contato negativo com o pai (representado pela erva negra), pois não traz nada de bom ao menino.

Em primeiro plano desenhou as flores. É como uma tentativa de que os demais não se dêem conta do que está ocorrendo na sua vida, mas quase não o consegue. A folhagem das suas árvores não está densa: suas idéias estão bastante embrulhadas e ele não consegue compreender como começou tudo isto.

Os traços são muito instáveis, indicando muito movimento. No curso de uma vida, há circunstâncias em que tudo se desmorona ao nosso redor. No entanto ele instalou-se junto à árvore, lugar que não seria precisamente o mais adequado em caso de tormenta.

Podemos dizer que o menino já renunciou com respeito

a seu pai, mas terá que esperar muito até que a influência deste diminua, pois se trata de um pai muito dominante, que não está disposto a se retirar. Quer permanecer visível, todavia, durante bastante tempo (sol à direita).

O menino desenhou-se com uma cabeça grande, o que significa que é capaz de fazer frente à situação e que sairá dela com a cabeça muito erguida.

O ambiente familiar tem uma enorme influência na vida emocional desta criança, a qual está totalmente rodeada de instabilidade e agressividade.

Podemos comparar este desenho com o da página 80, que é completamente oposto. Esta menina não se sente em absoluto isolada, pelo contrário, está demasiadamente protegida. No seu ambiente, "todo mundo é amável."

Um deles vive num ambiente pouco invejável, enquanto que a outra é tratada com muito encanto. Um terá um caráter forte e com ele conseguirá ir adiante, enquanto que a outra experimentará dificuldades, quando se afastar um pouco do ambiente familiar.

O mais importante é a capacidade do menino para tomar consciência dos elementos benéficos ou nefastos que influem sobre ele. O quanto antes ocorra isto, mais fácil e mais plenamente viverá sua individualidade.

Como Interpretar os Desenhos das Crianças

Neste desenho destacam-se vários elementos interessantes: o tema da casa, a fumaça que sai da chaminé, a figura humana tipo "palito" e o sol.

Tanto a casa, de cor vermelha, como a fechadura da porta, inclinam-se ligeiramente para a esquerda, o que nos indica que as emoções deste menino estão ainda ligadas ao passado. O vermelho representa a energia, que neste desenho é bem mais explosiva. A fumaça, que sai abundantemente da chaminé, confirma-nos esta interpretação. Entretanto as janelas dão-nos a entender que é melhor que o menino distraia-se, porque isso o acalma. A cor azul representa a paz e a harmonia.

Observemos a escada que conduz a casa. Parece um convite, mas, de fato, para subir uma escada requer um certo esforço. Com isto a criança adverte-nos que não será fácil aproximarmo-nos dela, pois tratará de guardar sempre uma certa distância.

Duas árvores destacam a casa. A da esquerda tem a copa mais elevada, quer dizer que a criança quer compreender o porquê e o como da situação. A da direita é menor e o traço azul da folhagem não está completo. Parece mostrar uma necessidade de que suas idéias circulem e, ao mesmo tempo, comprovamos que o menino não está fechado para o quê ocontece ao seu redor.

No meio do caminho, entre o sol e a casa, desenhou um pássaro cinzento, símbolo do mensageiro. A criança capta certas mensagens que provêm do sol. Ainda que evidentemente tenhamos de analisar a casa, as árvores e a figura humana, o elemento determinante deste desenho é o sol, colocado à esquerda e na parte superior do papel. Representa a mãe, a qual "trata de" desprender uma certa energia, mas seus olhos estão vazios. A criança perfeitamente percebe que sua mãe é uma pessoa instável, com dificuldade para decidir, mesmo que ela quisesse que assim não o fosse. O pássaro cinzento indica-nos que as mensagens da mãe não estão claramente definidas.

A figura humana tipo "palito" foi reduzida a sua mais simples expressão. É de cor azul: o menino não quer chamar a atenção e experimenta ternura pela mãe. Desejaria que ela fosse mais autêntica. Os pés da figura humana são negros. A criança não sente que estão proporcionando-lhe a estabilidade necessária; não obstante, adapta-se bastante bem à situação, pois como se pode ver, desloca-se sobre uma tábua com rodas. Na sua base os troncos das árvores não estão bem definidos, o que facilitaria arrancá-los. Mesmo que a criança pareça capaz de se adaptar, o fato é que não está a gosto neste ambiente: seu corpo foi reduzido à mínima expressão. Fica por analisar a fumaça que sai da chaminé. Neste tema a criança pôs muita pressão e muita ênfase: no seu interior arde uma grande energia emocional. Aqui se observa uma forte oposição: a figura humana foi desenhada de um modo muito simplificado, enquanto que a fumaça é realmente abundante

A criança quer fazer-nos crer que se ajeita muito bem a eles, que vive numa felicidade perfeita (a tábua de rodas), mas a verdade é que não é assim. Todavia, ela ainda não tem verdadeira consciência do mal-estar que há no seu interior, trata de fugir do mesmo modo que faz sua mãe.

Algum dia perceberá esta agressividade e, quanto antes ocorrer isto, melhor será. A nuvem tem dentes de serra, uma tormenta aproxima-se...

Como acabamos de comprovar, deve-se sempre prestar muita atenção aos temas que a criança simplificou excessivamente e, ao mesmo tempo, aos que concedeu uma importância exagerada. Se num mesmo desenho se observar certa oposição entre as formas ou os traços, a mensagem pode criar confusão.

Se dermos uma olhada ao desenho da página 76 e o compararmos com este, notaremos que naquele tudo está muito simplificado; as duas flores estão desenhadas com gesto preciso, a árvore possui uma base muito sólida (é muito difícil de arrancar), e não ocupa um espaço exagerado. Este desenho apresenta uma grande simplicidade, mas sem contradição alguma, enquanto que neste a figura humana parece muito feliz, tem o sorriso nos lábios, mas os elementos que a rodeiam falam-nos de algo muito distinto.

Como Interpretar os Desenhos das Crianças

Desenho com armadilha

Neste desenho encontramo-nos novamente com numerosas imagens contraditórias. É o que se chama de desenho com armadilha. Deve-se ter muito cuidado para o interpretar.

A menina colocou-se do lado esquerdo, com os braços abertos e um laço na cabeça, exatamente debaixo do sol. À primeira vista parece muito acessível, mas não devemos enganar-nos pois ao seu lado existe um muro. Em seu devido tempo informar-nos-á se poderemos imiscuir-nos nos seus "assuntos." É evidente que se identifica muito com mãe (o sol). O laço no cabelo é para se embelezar: trata-se de uma menina orgulhosa de sua pessoa.

Apesar disto, tem uma certa tendência à não querer crescer, já que se desenhou à esquerda do papel. Como já sabemos, isto representa um laço com o passado.

A cor malva da casa contrasta com o telhado vermelho. Esta menina vê-se e se sente diferente das demais meninas. O telhado vermelho indica-nos um tipo de pensamento efervescente, mas suas ideias são negras (fumaça). Não pára de manipular.

É uma menina muito inteligente, mas trata de controlar isto tudo em seu próprio proveito.

Recebeu uma boa segurança material e física que não deseja perder, motivo pelo qual julga ser a "boa menina da mamãe." Faz-se de inocente e a maioria das pessoas que a rodeiam não são conscientes das suas artimanhas.

As janelas da casa têm cortinas, por onde a menina pode observar o lado de fora sem ser vista. As nuvens azuis representadas sobre a casa apontam a possibilidade de surgirem problemas, mas ela consegue sempre ver o lado bom das coisas.

O carro malva indica-nos que a menina não está disposta a abandonar seu papel de "menina boa da mamãe." Está totalmente convencida de que sua conduta é a mais adequada para conseguir tudo o que quer.

O sol foi desenhado com uma pressão muito forte; parece arder. A mãe possui uma forte personalidade e soube influenciar muito sua filha, talvez, inclusive, elogiando muito seu ego. Se a menina não quer crescer, em parte é pela sua mãe que, com certeza, sempre se dirige a ela com diminutivos carinhosos. Isto é interpretado pela criança como: "Enquanto for pequena, minha mãe sempre me vai querer bem."

O muro, situado atrás dela, serve de barreira para que nada vá alterar a relação que mantém com sua mãe. No entanto, deve-se observar que no lado direito do papel há uma certa abertura, ainda que o muro também continue por ali. A menina é consciente de que num futuro imediato poderá ser mais independente. Não obstante, é agradável para ela fazer com que sua mãe creia que lhe é muito apegada, o que é certo, mas, talvez, nem tanto como ela faz acreditar.

Ao analisar alguns desenhos, descobrimos o poder que os pais exercem sobre os seus filhos, enquanto que noutros, temos a surpresa de constatar que há crianças com um grande poder de manipulação sobre seus pais. É o caso do presente desenho.

No desenho da página 68, as duas pessoas que estão no labirinto influenciam-se mutuamente; não existe manipulação da parte de nenhuma delas. Este tipo de desenho é raro. Geralmente, a manipulação estando ou não representada pelas figuras humanas, encontra-se nos desenhos. Em algumas ocasiões é a criança quem puxa o tapete para seu lado, enquanto noutras, é o adulto (que a miúdo ainda é mais criança que o seu próprio filho) o qual procura controlar tanto a situação como o próprio filho.

Como Interpretar os Desenhos das Crianças

É este um excelente exemplo de desenho-mandala. As cores tomam todo o papel, mas cada uma delas ocupa seu lugar de um modo muito bem definido. O primeiro elemento da análise deve ser a escolha das cores. O marrom do lado esquerdo descobre-nos que esta menina tinha no passado uma certa segurança e uma determinada estabilidade. Continuando, vem o azul que nos fala de paz e harmonia. No centro da folha aparece um retângulo com quatro corações azuis. Devemos permanecer atentos, pois tal retângulo está delimitado por um traço negro e este é o elemento que deve ser interpretado em primeiro lugar. Desta forma, a criança não só procura preservar sua felicidade (os corações no centro da página), mas também tenta reduzir toda a possível mudança para que se mantenha a situação atual. O traço negro, que dá forma ao retângulo, denota um pensamento negativo para qualquer um que se atreva a modificar o que ela deseja proteger. Este retângulo está situado sobre algo como um pódio, sendo da cor malva a base que o sustém. A malva é uma cor composta de vermelho (ativo) e azul (passivo). Noutras palavras, a menina tem desejos de atuar, porém, mantém-se paciente e tranqüila. É muito consciente do bem-estar que lhe traz seu ambiente e quer salvaguardar seu pequeno universo. À direita do papel as cores são mais brilhantes. O amarelo e o laranja mostram-nos um pouco mais de abertura para o mundo. Esta menina experimenta dois sentimentos ao mesmo tempo: a necessidade de um contato social que lhe agrada (amarelo, laranja) e o desejo de manter intacto seu ambiente atual.

Como Interpretar os Desenhos das Crianças

Este desenho tem três partes. A zona superior colorida de azul, a central de amarelo e a base de negro. A menina diferencia com grande nitidez o que ela pensa (a parte superior), suas vivências sociais (central) e o que o ambiente a faz experimentar no plano físico (parte inferior). A parte superior representa seu pensamento. O que tenha colorido de azul indica-nos que se sente em paz e que não vive nenhuma insegurança. A zona intermediária, de cor amarela, significa que ela tem muitos contatos sociais e que aprecia as pessoas que a rodeiam. Devemos, entretanto, observar a figura humana; não desenhou as mãos. Mesmo que ame a seus pais, faz-nos saber que eles não lhe dão a possibilidade de sentir-se autônoma (carece de mãos). Preferem que ela não tenha muita iniciativa. Parece que o motivo desta atitude não é outro que proteger a criança. A parte inferior coincide com a borda inferior do vestido da figura humana, a quem, por certo, também faltam os pés. Seus pais são pessoas abertas em muitos aspectos, mas para eles o tema da sexualidade é tabu (cor negra). A criança pode fazer perguntas sobre quase tudo, mas nunca deverá abordar temas como o nascimento, a sexualidade ou talvez, tampouco, a morte. Não obstante, este contexto não parece perturbá-la muito (zona superior azul e zona média amarela.) À esquerda, vemos uma árvore de Natal com presentes. Seus pais estão dispostos a lhe dar muitas coisas. Parece que querem desviar sua atenção de tudo quanto tenha a ver com o aspecto físico e seus segredos.

Como Interpretar os Desenhos das Crianças

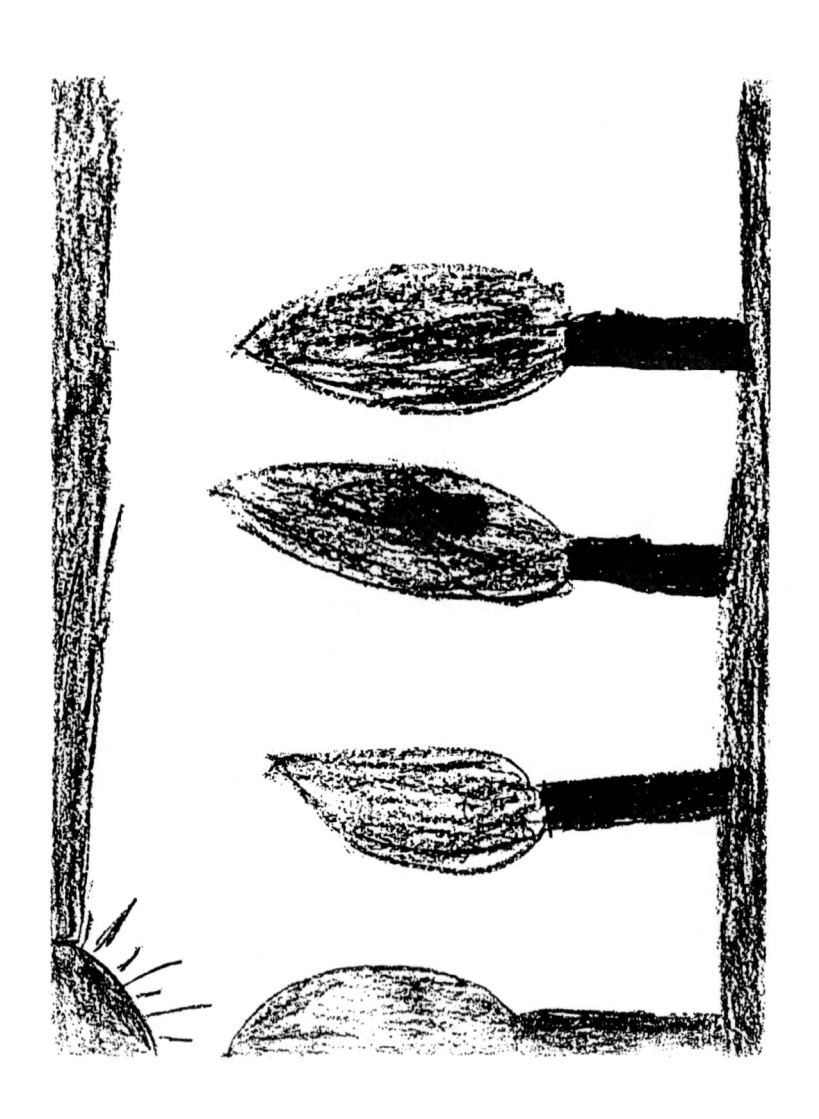

Neste desenho, encontramos um tema repetitivo (a árvore). Mencionamos anteriormente que a simbologia da árvore está intimamente ligada ao inconsciente. O desenho mostra-nos três árvores e meia, pois a da esquerda não foi desenhada senão em parte. Isto significa que o seu meio-ambiente vem influenciando a criança desde há muito tempo, favorecendo o despertar da sua consciência. Observemos que esta árvore é muito alta, pois quase chega a tocar o sol. A criança está mostrando-nos, aqui, um desejo de se identificar com a mãe.

A presença desta não parece constante, mas sim periódica. Possivelmente se trate de uma pessoa muito ativa (os raios são amarelos e vermelhos). Na parte superior do papel vemos um céu azul, sinal de que a criança sente-se protegida por seus pais.

A folhagem de todas as árvores é dirigida para o céu, o que nos mostra que o desejo de crescer, de conhecer e de saber tem uma grande importância para esta criança.

À direita fica um espaço que poderia ter sido ocupado por outra árvore. Está revelando a nós que esta criança sabe conceder-se o tempo necessário e que é pouco amiga do começar a casa pelo telhado. Seu ritmo é constante e equilibrado.

Como Interpretar os Desenhos das Crianças

Este desenho compõe-se de vários elementos interessantes: um sol que quer ser original, uma macieira, uma menina com os braços muito compridos, uma casa ao fundo e um coelho à direita.

A menina, colorida de malva e rosa, está colhendo uma maçã da árvore. A pequena não está passando por um período de agressividade, mas está atravessando um ciclo de transformação e está adquirindo maturidade. A árvore, situada à esquerda, fala-nos do passado recente. Após haver obtido muitas idéias e haver desprendido muita energia para as realizar, agora a menina diz a si mesma: "Chegou o tempo de colher os resultados."

A mensagem dos braços longos está bastante clara: esta menina sabe organizar-se para conseguir o que quer. No entanto, há falta de dois elementos: não tem cabelos, nem nariz, mas se preocupou em desenhar pestanas nos olhos, o que lhe confere um certo ar sedutor. Isto pode ser interpretado como uma falta de receptividade ou de intuição pelos demais; ainda que lhe pese, sente-se segura ao abordar seu ambiente, pois confia nos seus encantos.

A casa encontra-se ao longo de um amplo caminho de cor laranja. Esta menina procura a companhia de pessoas enérgicas e animadas. O telhado, de cor malva, indica-nos uma inteligência acima da média. As janelas estão situadas muito mais próximas do telhado que da porta, o que resulta ser muito mais fácil olhar a rua sem ser vista de fora.

Tanto a chaminé como a fumaça são de tonalidades laranja. Atualmente, a menina vibra muito no plano social e neste sentido tudo está equilibrado, visto que a fumaça sai sem dificuldade e de uma forma ondulada. As florezinhas de ambos os lados da casa pretendem causar uma boa impressão.

O sol é muito "especial." Por se encontrar à direita do papel, está representando o elemento masculino. No momento, a menina prefere a companhia masculina e sente preferência por pessoas que pareçam originais ou diferentes. O sol dirige seu olhar para a menina e parece orgulhoso dela.

Num futuro próximo, o coelho cobrará maior importância, já que está situado à direita. Está sentado, como aguardando que tenhamos precaução com sua presença. Talvez espere ser cariciado ou elogiado.

Observemos que o caminho que conduz à casa e o outro, onde se encontra o coelho, não estão ligados. É inegável que logo acontecerá uma mudança de atitude. A menina mostrar-se-á mais tranquila e mais dócil, sentindo-se ao mesmo tempo mais "adulta."

O caminho é algo ondulado. Quando ela quer algo, nem sempre vai direto ao seu objetivo, pois sabe esquivar-se perfeitamente dos pequenos obstáculos.

Como está evidenciado, o coelho tem umas orelhas muito largas: Cuidado! Ela também as tem e nada lhe escapa.

Bibliografía

Dictionnaire des symboles
    Jean Chevalier y Alain Gheerbrant
    Éditions Robert Laffont
La découverte de votre enfant par le dessin
    Roseline Davito
    Éditions Productions de Paris, 1971
Les dessins d'enfants
    Gaston Petit
    Éditions du Renouveau Pédagogique inc., 1980
Comprenez votre enfant par ses dessins
    Sylvie Chermet-Carroy
    Éditions Libre Expression, 1988
Dessin, espace et schéma corporel chez l'enfant
    Henri Wallon, Liliane Lurçat
    Éditions E.S.F.
Gribouillages et dessins d'enfants
    Howard Gardner
    Éditions Pierre Mardaga, 1980
Connaître l'enfant par ses dessins et son écriture
    Shirl Solomon
    Éditions Retz, 1980

Peinture d'enfants, leçon de vie
    Didier Rocher y Monique Joly-Mathé
    Éditions Dessain et Fobra, 1986

Vision, dessin, créativité
    Betty Edworda
    Éditions Pierre Mardaga

Art et folie
    Cino Duca
    Éditions Mondiales, 1973

Le langage des couleurs
    René-Lucien Rousseau
    Éditions Dangles, 1980

Initiation aux arts plastiques
    Marc a. Dumas
    Éditions Bordas, 1978

L'encromancie
    Étienne L. Erus
    Éditions Dervy, 1963

Le test de l'arbre
    Charles Kock
    Éditeur Emmanuele Vitte, 1958